Das Leben geht manchmal verschlungene Wege, um geradewegs ans Ziel zu kommen

Vorwort

Alles beginnt in Isny im Allgäu, wo die Familien Karl und Jakob Immler zu Hause sind. Sie können getrost in mancherlei Hinsicht als einzigartig bezeichnet werden, denn sie vereinen scheinbare Widersprüche auf eine ganz besondere Art und Weise. In außergewöhnlichem Maße fühlen sie sich ihrer Heimat verbunden, blicken dabei aber stets auch über den eigenen Tellerrand hinaus.

Bei ihren Immobilienprojekten steht unter anderem auch der Gewinn in puncto Menschlichkeit und das Wohl der Heimatregion im Vordergrund, was sich besonders in der von ihnen gegründeten Familienstiftung zeigt. Im Terrassen Hotel, dem einzigen gastronomische Betrieb der Familie, spiegeln sich die von ihnen gelebten Werte wieder.

Die nächste Etappe der hier erzählten Geschichte hat ihren Anfang in der Nähe von Hannover, wo Eberhard Garbs geboren wurde. Sein Lebensweg führte ihn in die Hotelbranche und damit – fast schon zwangsläufig – in und um die Welt. Stationen seiner Laufbahn waren unter anderem München, Paris, London, Frankfurt und Füssen – Orte, die Eindruck & Eindrücke hinterließen.

Auf seinem Weg in Führungspositionen aller Bereichen der Hotellerie machte er die Erfahrung: Städte und Hotels haben ihre Eigenheiten und sind unterschiedlich, aber das Verbindende in Hotellerie und Gastronomie sind die Menschen – sie sind immer das Wichtigste.

Uli Alexa ist ein waschechter Allgäuer und in Isny geboren. Es erstaunt daher kaum, dass er die Ausbildung zum Koch in seiner Heimatstadt absolvierte. Die weiteren beruflichen Stationen machen jedoch deutlich, dass sein kulinarischer Horizont von Weitblick geprägt ist.

Seine gastronomische Wanderschaft führte ihn in namhafte Betriebe in der Schweizer Bergwelt und anschließend über Lindau am Bodensee zurück in seine Heimat. Bereits in seiner ersten Anstellung als Küchenchef in Isny kochte er sich in die Herzen seiner Gäste.

Und so verwundert es nicht, dass diese drei Lebenswege an diesem ganz besonderen Ort zusammengefunden haben: im Terrassen Hotel in Isny. Die Eigentümer – die Familien Immler – geben mit ihrem Engagement die Richtung vor: In diesem Haus steht eindeutig der Mensch im Vordergrund.

Und von Menschen versteht Eberhard Garbs als Hoteldirektor sehr viel. Mit und zum Wohle von Menschen zu arbeiten, ist seine Leitlinie, die das Miteinander im Team und die Atmosphäre des Hotels entscheidend prägt.

Dass es Spaß macht, in so einem herzlichen Klima zu arbeiten, merkt man auch in der Küche. Dort kann Küchenchef Uli Alexa sich und seinen Ideenreichtum frei entfalten und so gelingen ihm immer wieder Kreationen, die ihresgleichen suchen. Sein Wissen ist ein reicher Schatz, den er gerne teilt und von dem das ganze Küchenteam, aber vor allem auch die Gäste profitieren.

Welche Umwege das Leben auch genommen hat, um diese Menschen zusammenzuführen - Das sich der Weg gelohnt hat, zeigt sich an der seit mehr als einem Jahrzehnt harmonischen und erfolgreichen Geschäfts-„Beziehung", die längst schon viel mehr als das ist.

Essen macht Spaß,
warum sollte Kochen
dann ein langweiliger
Vorgang sein ?

Food & fun

Die Freude, die Uli Alexa an den eigenen Kreationen hat, merkt man seinen Gerichten glücklicherweise immer wieder an. Dass er viel Humor hat und gerne lacht, kommt ihm auch beim Umgang mit Lebensmitteln, Gästen und seinem Küchenteam zugute.

Uli Alexa

Die positive Grundstimmung, die unter seiner Federführung herrscht, ist deutlich sowohl in der Atmosphäre als auch auf dem Teller spürbar. Aus den Menüs blitzt die Lust an verwegenen Kombinationen, an gelungenen Überraschungen für den Gaumen und die Freude am Leben.

Lebensfreude zeigt sich auch daran, wie abwechslungsreich man seinen Tag gestaltet. Damit sich bei Uli Alexa keine eintönige Routine einschleicht, ist er regelmäßig mit dem Mountainbike unterwegs.

Die körperliche Anstrengung dieser Fortbewegungsart hilft ihm, wieder den Kopf freizubekommen und neue Aus- und Einblicke zu entdecken.

Aus der Perspektive des Fahrradsattels sieht man Lebensmittel plötzlich mit anderen Augen, ergeben sich Kombinationsmöglichkeiten, die in der Küche nicht unbedingt entstanden wären und präsentiert sich mancher Rohstoff in einem neuen Licht.
Bestes Beispiel dafür ist ein Rudel Gämsen, die bei einer seiner Touren auf dem Isnyer Hausberg - dem Schwarzen Grat - „ins Visier“ von Uli Alexa geraten sind. Über seine Begegnung informierte er die zuständigen Jäger, die die Verantwortung für ihr Revier glücklicherweise sehr ernst nehmen. Da ergab es sich wie selbstverständlich, dass das Ergebnis ihrer Wildpflege – 4 - 5 Tiere, die pro Jahr geschossen werden müssen, um das Gleichgewicht zwischen Rudel und Natur zu halten – den Weg in Uli Alexas Küche fand und seitdem immer wieder findet.

So können sich die Gäste des Terrassen Hotels über und auf diese ganz besondere Rarität des Menüplans freuen.

Beim Anblick eines Rudels Gämsen in freier Wildbahn liegt für einen Koch sicherlich der Gedanke an einen Gamsbraten nahe, diesen aber tatsächlich auch von der Phantasie auf den Teller zu bringen, ist typisch für den Menschen Uli Alexa.

Ein Baum ist nur so stark, wie die Wurzeln die ihn halten. Damit er jedoch wachsen und gedeihen kann, braucht er Raum zur Entfaltung.

Einen so bewegungsfreudigen Menschen wie Uli Alexa mit einem Baum zu vergleichen, scheint auf den ersten Blick falsch, liegt jedoch sehr nahe. Denn die Wurzeln, die ihn mit seiner Heimat verbinden, sind stark und bilden ein sicheres Fundament, auf dem seine Kochkunst über die Jahre hinweg aufbauen konnte.

Das Allgäu - aus dem er stammt und wo er inzwischen wieder seit mehr als einem Jahrzehnt als Küchenchef tätig ist - hat ihn als Mensch & Koch maßgeblich geprägt. Die Erfahrungen jedoch, die er während seiner Zeit im schicken Schweizer Skiort Gstaad gemacht hat, haben mindestens ebensoviel zu seiner Entwicklung beigetragen.

Für einen jungen Menschen weit weg von zuhause muss es enorm prägend sein, plötzlich im Restaurant eines Gourmet-Hotels Teil eines Teams von Köchen aus 7 Nationen zu sein.

Neue Umgebung, neue Kollegen, andere Rezepte, andere Sprache – es erfordert schon Vertrauen in die eigenen Fähigkeiten, in so einer Situation zu bestehen.

Hier kann man nur dann etwas für sich mitnehmen, wenn man Augen und Ohren aufsperrt und sich einlässt auf das Neue und Andere. Und dass Uli Alexa sehr viel mitgebracht hat aus seiner Zeit in Gstaad, merkt man nicht nur ihm, sondern auch seiner Küche an.

So wie zwei Seiten zu einer Medaille gehören, so wird jeder Mensch geprägt durch die Summe seiner Erlebnisse.

Die Verbundenheit zu seiner Heimat, das Bodenständige des Allgäus, der freie Blick vom Fahrradsattel auf dem Gipfelpunkt einer Bike -Tour, die Liebe zu den Produkten „seiner" Region – das alles findet sich in den von Uli Alexa erdachten Gerichten wieder.

All das ist sehr gut, bekommt seine ganz besondere Note aber durch die Würze der Erfahrungen und Erlebnisse seiner Zeit fernab von Isny.

Uli Alexa hat hohe bis höchste Ansprüche - an sich selbst, an andere und an die Ergebnisse, die seine Küche verlassen. Da ist es gut, wenn man sich auf ein eingespieltes, hoch motiviertes Team verlassen kann. Das Uli Alexa das tatsächlich kann, liegt vor allem an ihm selbst.

Denn ein so moderner und zugleich traditionell geprägter Mensch hat nicht nur einen ausgeprägten Familiensinn, sondern dehnt diesen Begriff auch auf die Menschen aus, mit denen er täglich zusammenarbeitet.

Wie in einer Familie hat auch hier im Team jeder seinen festen Platz, auf dem er mit genug Sicherheit arbeiten kann, um notfalls auch an anderer Stelle auszuhelfen.

Wer die Küchenmannschaft des Terrassen Hotels schon einmal in Aktion erlebt hat, weiß, dass die dort tagtäglich erbrachte Gemeinschaftsleistung - stets auf höchstem Niveau zu kochen - nicht nur mit Teamgeist, sondern vor allem auch mit Sympathie füreinander bewältigt wird.

TERRASSEN

Seine Ideen lassen uns auf Genussreisen gehen,

die Zwischenstopps auf jedem Kontinent zu bieten haben

Deshalb bilden in den Gerichten von Uli Alexa regionale Produkte häufig die Basis für geschmackvolle Highlights aus aller Welt.

Oder das Beste aus fernen Ländern wird in ungewohnter Weise auf traditionelle Allgäuer Art interpretiert. Eine Mischung, die hält, was sie verspricht: spannende Ergebnisse auf höchstem Niveau!

Asiatische Einflüsse sind dabei nicht zu verleugnen, genauso wenig wie mediterrane Leichtigkeit oder die feurige Schärfe Südamerikas.

Die eigentliche Kunst ist es, all das so zu vereinen, dass – anders als beim Turmbau zu Babel – ein harmonisches Ganzes entsteht, in dem jede Zutat ihre volle Wirkung entfalten kann.

Dabei kann durchaus so Unterschiedliches wie die exotische Tonkabohne und die gute Milch heimischer Kühe zu einem cremigen Eis zusammenfinden. Oder ein Ochsenschwanz-Sandwich in Begleitung von schwarzem Knoblauch serviert werden.

Bevor dem Leser vollends das Wasser im Munde zusammenläuft, seien als neueste Kreation à la Alexa nur noch die Allgäuer Tapas genannt, die genauso überraschend & lecker sind wie ihr Name! Gebratener Leberkäse von der Ente oder Tatar von der Bachforelle in Bierrettich halten, was sie versprechen. Aber so gut das alles klingt, so wird es bei weitem noch vom Geschmack übertroffen. Wer sich also selbst ein Bild machen will, muss entweder am heimischen Herd zum Nachkochen schreiten oder dem Terrassen Hotel einen Besuch abstatten.

Küchenphilosophie

Mit Kopf,
Herz & Hand:

Kreativität à la Uli Alexa

Der stets steigende Stellenwert des Themas Genuss in den Medien hat auch ein neues Wort in aller Munde gebracht: Küchenphilosophie! Gemeinhin versteht man darunter, wie ein Koch Produkte interpretiert, Aromen kombiniert und so Geschmackserlebnisse komponiert.

Bei Uli Alexa beginnt die Küchenphilosophie aber schon beim Namen der Gerichte – bereits beim Studieren des Menüs freut man sich auf Zitronenluft, Kaninchen-Elixier, einen Curry - Shot oder Basilikum - Sorbet mit „Bubbles"!

Dass sich hier jemand mit den Rohstoffen und all ihren Möglichkeiten eingehend befasst hat, merkt man bereits den liebevollen Namensgebungen an. Umso besser, dass die Gerichte auch halten, was die wohlklingende Wortwahl verspricht!

Stammgäste wissen mittlerweile, dass die von Uli Alexa zusammengestellten Feinschmecker-Menüs Geschmacks-Erlebnisse sind, bei denen die einzelnen Aromen wie die Töne einer Symphonie ein harmonisches Ganzes ergeben. Man merkt ihnen immer die Liebe zu den Produkten und die Lust an neuen Kreationen an.

キッコーマン
うすくち

Wer im Allgäu ein Restaurant besucht, erwartet naturgemäß auch ein Produkt, das wie kaum anderes für diese Region steht: Käse!

Immerhin sind hier die glücklichen Kühe zuhause, die auf saftig-grünen Wiesen grasen und beste Milch als Grundlage für eine Vielzahl schmackhafter Sorten liefern. Dass dabei ist in der heutigen Zeit einige Anstrengung nötig ist, um Milch und Käse in ähnlicher Qualität zu erhalten wie in vergangener Zeit, merkt man der idyllischen Szenerie jedoch nicht an.

Denn Namen wie Bio und Öko sind nur die modernen Bezeichnungen für eine Tatsache, die früher selbstverständlich war: je reiner und unverfälschter ein Rohstoff ist, umso besser wird er in naturbelassenem Zustand schmecken. So entstand die Bezeichnung „Alpkäse" traditionell aus der Tatsache, dass die Kühe im Sommer auf kräuterreichen Bergwiesen weideten, was sich im guten Geschmack der Milch (und damit letztlich auch des Käses) widerspiegelte. Auch eine Spezialität wie der Allgäuer Bergkäse ist geprägt von der Landschaft, denn seine Herstellung gelingt nur mit silofreier Milch.

So viele Sorten Käse hier auch produziert werden, sie alle zeichnen sich durch einen ganz eigenen Charakter aus. Oder wie Kommissar Kluftinger sagen würde: „'n Käs der id stinkt, isch nix" (wofür er ja gerne auch mal den Beweis im Handschuhfach seines Wagens antritt).

Aus einer so rustikalen Grundzutat eine Gourmet-Kreation ersten Ranges zu zaubern, gelingt Uli Alexa in seiner 3-6-12-Interpretation.

Die 3 steht hierbei für einen cremig-luftigen Schaum aus 3 Monate jungem Bergkäse, der begleitet wird von einer Mousse aus dem mittelalten (6 Monate gereiften) und krossen Chips aus würzig-reifem Bergkäse, dem 12 Reifezeit ein unvergleichliches Aroma mit auf den Weg gegeben haben. Das Rezept zu diesem Gericht, das die unverwechselbare Handschrift von Uli Alexa trägt, finden Sie auf Seite 118.

Agar

FOOD & FUN

Selten war ein Menü-Name treffender! Essen und Spaß heißt aber nicht nur, Spaß beim Essen, sondern bestenfalls auch schon bei der Vorbereitung. Dafür sollte ein Koch im übertragenen Sinne mit beiden Beinen fest auf der Erde stehen und den Kopf in den Wolken haben.

Er braucht das handwerkliche Rüstzeug, das ihm eine solide Ausbildung gibt, um Produkte immer wieder treffsicher interpretieren zu können. Zugleich muss er aber auch so erfindungsreich wie möglich sein und darf dabei nicht übers Ziel hinausschießen.

Uli Alexa versteht es in ganz besonderem Maße, den individuellen Charakter von Lebensmitteln zu unterstreichen und sie dabei in einem neuen Zusammenhang zu kreieren. Dabei kombiniert er, was sich gegenseitig unterstützt und mischt Traditionelles mit Modernem, um ganz besondere Ergebnisse zu erzielen.

Damit das immer wieder gelingt, mischt sich im Beruf eines Küchenchefs das, was sich in dem Wort „Handwerkskunst" ausdrücken lässt. Er muss sein Handwerk sicher beherrschen, über ein großes Wissen in puncto Grundprodukte verfügen, sich mit den unterschiedlichsten Garmethoden auskennen und stets offen für ungewöhnliche Zutaten und ausgefallene Gewürze sein. Die Kunst dabei ist, all dies harmonisch und dennoch spannend in einem Gericht zu vereinen und so dafür zu sorgen, dass aus einem Essen ein Geschmackserlebnis wird.

Vorspeisen

Es gibt keine zweite Chance, einen ersten Eindruck zu hinterlassen ...

... daher sollte eine Vorspeise das Können eines Kochs geschmackvoll präsentieren, um dem Gast im wahrsten Sinne Appetit auf mehr zu machen

Roulade vom Saibling im Gewürzrauch

Ein Highlight für Gäste – überzeugt mit Optik & Aroma

Zutaten:

Roulade vom Saibling

- 700 g Saiblingsfilet
- 40 g Salz
- 40 g Zucker
- 8 Zweige Dill
- 2 Zweige Koriandergrün

Gewürzrauch

- 2 Sternanis
- 5 Piment
- 2 Wacholder
- ½ Zimtsange
- 2 Koriander (Körner)

Zubereitung:

Roulade vom Saibling

Die Fischfilets enthäuten und entgräten.

Anschließend mit Salz, Zucker und den vorher fein gehackten Kräutern für 1 Stunde marinieren und danach die Kräuter wieder entfernen.

Zur Fertigung der Roulade ein Stück Alufolie auf die Arbeitsfläche legen und mit einem gleich großen Stück Klarsichtfolie bedecken. Je ein Saiblingsfilet darauf legen und zur Roulade rollen.

Im Ofen bei 54°C ca. 35 Minuten garen, anschließend die Roulade auswickeln.

Gewürzrauch

Alle Zutaten fein mahlen.

In eine elektrische Rauchpfeife (im Fachhandel erhältlich) füllen, anzünden und den Rauch unter das Glas blasen, unter dem sich die Roulade befindet. Das Glas erst zum Servieren abheben, damit das Aroma sich entfalten kann.

Gegrillte Jacobsmuschel mit Wakame und Wasabiluft

Genial für Genießer - dank Wakame und Wasabi Geschmack aus einer anderen Welt

Zutaten:

- 1 Msp Wasabi (asiatischer Meerrettich - aus der Tube)
- 1/8 l Apfelsaft
- 2 g Lecithin (erhältlich in der Apotheke)
- 200 g Wakame (Meeralge)
- Sesamöl
- Salz, Pfeffer, Zucker, Fleur de Sel (Meersalz)
- 8 Jacobsmuscheln (frisch)
- Olivenöl

Zubereitung:

Wasabi mit Apfelsaft und Lecithin kalt anmixen, bis ein schöner Schaum entsteht.

Anschließend die Wakame mit Sesamöl, Salz, Pfeffer und Zucker würzen.

Dann die Jacobsmuscheln halbieren und in Olivenöl in der heißen Grillpfanne kurz scharf anbraten, so dass sie in der Mitte noch glasig sind.

Muscheln mit Fleur de Sel würzen und die Wakame auf die Jacobsmuschel setzen.

Mit dem Wasabischaum servieren.

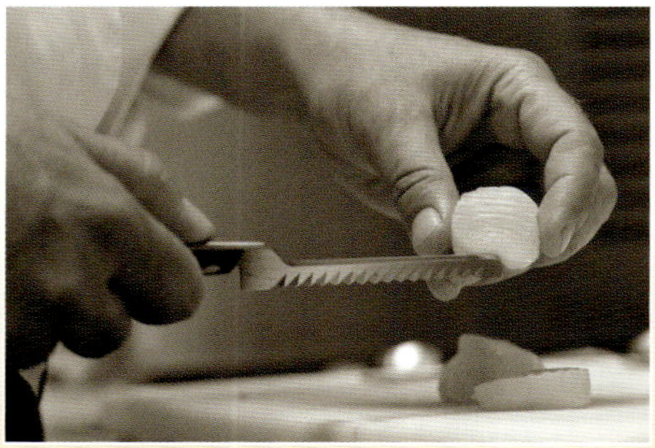

Büffel-Mozzarella mit Himbeeren und altem Balsamico

Außergewöhnliche Variation statt Einerlei - schlicht, raffiniert & dennoch schnell zuzubereiten

Zutaten:

- 200 g Büffel-Mozzarella
- Salz, Pfeffer
- 2 El gutes Olivenöl
- 250 g frische Himbeeren
- 2 EL alter Balsamico
- Ciabatta-Brot

Zubereitung:

Mozzarella in Scheiben schneiden und auf einem Teller anrichten, mit Salz und Pfeffer würzen.

Das Olivenöl gleichmäßig darüber verteilen und anschließend die Himbeeren darauf dekorieren. Zu guter Letzt mit dem Balsamico beträufeln.

Mit geröstetem Ciabatta servieren.

Tipp: Um diesem Gericht wirklich zum Optimum an Genuss zu verhelfen, sollte man wirklich nur die besten (hier genannten) Zutaten verwenden. Wer zum Beispiel beim Essig spart, darf sich nicht wundern, wenn das zarte Aroma in Säure ertränkt wird.

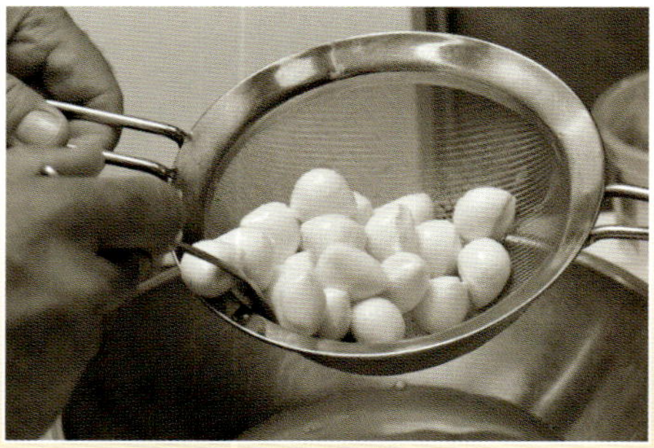

Scampi-Burger mit jungem Spinatsalat

Fingerfood für gehobene Ansprüche – ideal zur Gartenparty, beim Romantik-Dinner oder als Begleiter zu einem Glas trockenem Weißwein

Zutaten:

Scampi-Burger

- 12 – 16 Scampi, küchenfertig
- 1 Tl Chicken - Chilisauce
- 1 Spritzer Asia – Fischsauce
- abgeriebene Schale ½ Limette
- 1 Msp. Wasabi
- 3 Blatt Koriander (frisch)
- 1 Tasse Cornflakes
- Salz, Pfeffer

Spinatsalat

- 100 g Spinatblätter (jung und klein)
- 1 Scheibe Toastbrot
- 1 EL Walnussöl
- 1 EL Olivenöl
- 1 EL Balsamico-Essig (weiß)
- Salz, Pfeffer, Zucker

Zubereitung:

Scampi-Burger

Scampis schälen und den Darm entfernen.
Ca. 2/3 der Scampi klein schneiden. Danach mit Chili- und Fischsauce, Limettenschale, Wasabi und Koriander würzen und portionsweise in die Größe eines Burgers formen. Anschließend in den zerdrückten Cornflakes wenden.
Olivenöl in einer beschichteten Pfanne erhitzen und die Burger sowie die restlichen Scampi mit Knoblauch goldbraun braten.

Spinatsalat

Die Spinatblätter waschen, entstielen und in feine Streifen schneiden.
Das Toastbrot in feine Würfel schneiden und goldbraun braten.
Für die Vinaigrette alle weiteren Zutaten mischen.
Zum Anrichten den Spinat marinieren und die Brotwürfel darauf verteilen.

Service bund
Früchte Jork
Di Tullio
Pierino
IODICE
Sakura Mix

Frische & Qualität: nichts ist entscheidender beim Einkauf von Obst und Gemüse. Das gilt für Hobby- wie für Profi-Köche - bei beiden bestimmt die Auswahl das Endergebnis auf dem Teller. Deshalb sollte zuerst der Lieferant sorgfältig ausgesucht werden, erst dann kann man sich mit Spaß dem Einkauf widmen. www.fruechte-jork.de

Salat vom gebratenen grünen Spargel mit Orangenvinaigrette

Fruchtig, frisch und würzig: das ist Frühlingsgenuss auf aromatisch-leichte Art

Zutaten:

- 600 g grüner Spargel
- 5 EL Olivenöl
- 1 TL Puderzucker
- Salz, Pfeffer
- 2 Bio-Orangen
- 1 EL weißer Balsamico-Essig
- je ½ Paprika rot/gelb
- 1 Schälchen Kresse

Zubereitung:

Am Ende der Spargelstangen ein ca. 3 cm Stück abschneiden und das untere Drittel des Spargels gleichmäßig schälen.
Den Spargel in einer Pfanne mit 2 EL Olivenöl langsam anbraten, so dass er bissfest bleibt. Nach ca. 5 Minuten mit Puderzucker bestreuen, so dass dieser karamellisiert (dadurch entwickelt der Spargel ein einzigartiges Aroma).
Spargel mit Salz und Pfeffer würzen und aus der Pfanne nehmen.
Die Schale einer Orange abreiben. Beide Orangen so schälen, dass die weiße Haut entfernt wird und die Filets auslösen, den Saft der Früchte auspressen.
Restliches Olivenöl und den Essig zum Orangensaft geben und abschmecken. Paprika fein würfeln und zur Sauce geben. Die fertige Vinaigrette über den lauwarmen Spargel gießen und vor dem Servieren mit frischer Kresse garnieren.

Info: Der grüne Spargel ist vom Geschmack her viel intensiver als der Weiße und hervorragend geeignet zum Braten. Frischer Spargel sollte an dem Stangenende keine trockenen Stellen haben.

Melonen-Gazpacho mit Avocado und Tatar vom Tuna

So lässt sich der Sommer geschmackvoll genießen!

Zutaten:

- ½ Wassermelone
- 1 TL weißer Balsamico-Essig
- 1 Thai-Chili, entkernt und fein gewürfelt
- 1 TL geschälte, geriebene Ingwer-Wurzel
- 1 Avocado
- Salz, Pfeffer
- Saft von 1 Limette
- 150 g Thunfisch-Filet (Sushi - Qualität)
- 1 TL Koriandergrün, gewaschen und fein gehackt
- 1 Msp Wasabi – Paste
- 1 TL Sojasauce

Zubereitung:

Wassermelone schälen, entkernen und das Fruchtfleisch zerdrücken, mit Balsamico, Chili und Ingwer würzen. Anschließend die gewürzte Wassermelone durch ein Sieb streichen und das entstandene Püree für 1 Stunde kühl stellen.

Dann die geschälte und entkernte Avocado in Würfel schneiden und mit Salz, Pfeffer und Limettensaft würzen.

Die Avocadowürfel in einem tiefen Tellers anrichten (gelingt besonders gut mit einem Servierring). Vorsichtig die Wassermelonensuppe einfüllen.

Thunfisch mit einem Messer möglichst fein hacken und mit Salz und Pfeffer würzen.

Aus dem Tatar mit einem Löffel eine Nocke formen und auf die Avocado setzen.

Info: Für dieses Gericht sollte nur ganz frischer Thunfisch in Sushi-Qualität verwendet werden. Auch die Avocado sollte möglichst gut gereift sein und auf Druck leicht nachgeben.

Unreife Früchte eignen sich wegen ihres Mangels an Geschmack nicht.

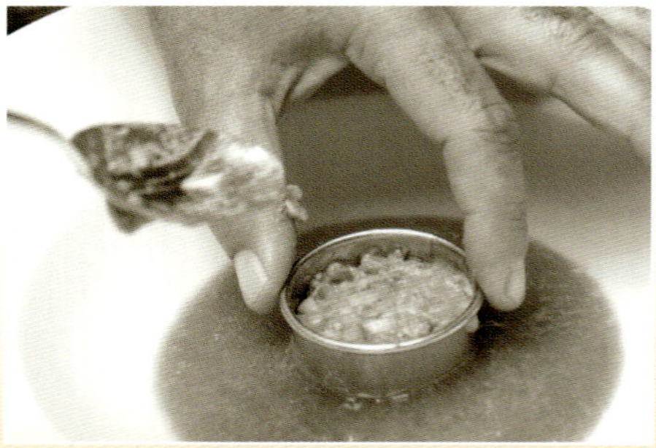

Sandwich vom Ochsenschwanz mit schwarzem Knoblauch

Traditionsreiche Zutat in ganz neuer Kombination: eine Wiederentdeckung in puncto Geschmack

Zutaten:

- 1 kg Ochsenschwanz, geschnitten
- 150 g Röstgemüse (Zwiebel, Karotte, Sellerie, Lauch), geputzt und geschnitten
- 1 El Tomatenmark
- 1 l Rotwein
- 1 Knoblauchzehe
- 3 Lorbeerblätter
- 5 Pimentkörner
- 10 weiße Pfefferkörner
- 3 Wacholderbeeren
- 1 l Kalbsfond
- 150 g Kalbsbrät
- ½ Blatt Kerbel
- ½ Blatt Petersilie (glatt)
- 8 Scheiben Weißbrot
- Zupfsalat
- schwarzer Knoblauch

Zubereitung:

Den Ochsenschwanz salzen und in einem Bräter rundherum kräftig anbraten.
Gemüse zugeben und ebenfalls anrösten, Tomatenmark zugeben und mit der Hälfte des Rotweins ablöschen.
Einreduzieren lassen, den restlichen Rotwein dazu gießen und erneut reduzieren.
Die Gewürze und den Kalbsfond dazu geben und für ca. 2 Std. zugedeckt bei 160°C im Ofen garen, bis das Fleisch weich ist. Das Fleisch vom Ochsenschwanz lösen und in eine quadratische Form pressen, diese beschweren und für ca. 5 – 6 Std. kühl stellen.

Kalbsbrät mit fein gehackten Kräutern mischen und dünn auf die Toastscheiben streichen.
Eine Scheibe vom gepressten Ochsenschwanz darauf legen und mit Brät bestreichen. Mit einer Toastscheibe abschließen. In einer beschichteten Pfanne mit Olivenöl das Sandwich goldbraun braten.
Den Zupfsalat marinieren und mit schwarzem Knoblauch anrichten.

Info: Der schwarze Knoblauch erhält Farbe und Geschmack durch Fermentierung. Er hat ein Aroma von getrockneten Pflaumen, Lakritze und altem Balsamico und bietet alle guten Eigenschaften von Knoblauch ohne die störende Nebenwirkung unangenehmen Geruchs.

Süßkartoffel-Espuma aus Ofen-Kartoffeln

Volle Aroma-Entfaltung dank schonender Zubereitung

Zutaten:

Süßkartoffeln im Ofen geschmort

- 3 EL Olivenöl
- 1 EL Fleur de Sel (Meersalz)
- 2 Zweige Thymian
- 2 Zweige Rosmarin
- 2 Knoblauchzehen
- 8 Süßkartoffeln

Süßkartoffel-Espuma

- 150 g Butter
- 150 ml Milch
- Salz, Pfeffer, Muskat

Zubereitung:

Süßkartoffeln im Ofen geschmort
Ein Backblech mit Olivenöl einfetten.
Meersalz, Thymian und Rosmarin sowie angedrückten Knoblauch darauf verteilen.
Die Süßkartoffeln der Länge nach halbieren und mit der Schnittfläche nach unten auf das Blech legen.
Bei 160°C ca. 45 Minuten im vorgeheizten Ofen garen.
Süßkartoffeln noch lauwarm von der Schale befreien (hierzu kann man entweder die Schale abziehen oder das Fleisch mit einem Löffel auskratzen).
Mit einem Messer grob zerhacken und auf einen Teller anrichten.

Süßkartoffel-Espuma
Milch und Butter erhitzen und mit Salz, Pfeffer sowie Muskat würzen und mit den gehackten Süßkartoffeln zu einer glatten Masse verrühren. Die Masse sollte dicklich sein, jedoch nicht zu flüssig, so dass sie sich durch ein Sieb streichen lässt. Einen haushaltsüblichen 1 l Sahnebläser mit der Süßkartoffelmasse befüllen und mit 2 Kapseln bestücken.
Bis zum Verzehr des Espumas den Sahnebläser in warmem Wasser auf Temperatur halten.

Info: Das Aroma dieser ungewöhnlichen Ofenkartoffeln harmoniert außergewöhnlich gut mit kräftigem Fleisch (z.B. Wild, Strauß oder Lamm). Eine Kombination, die sich zu probieren lohnt!

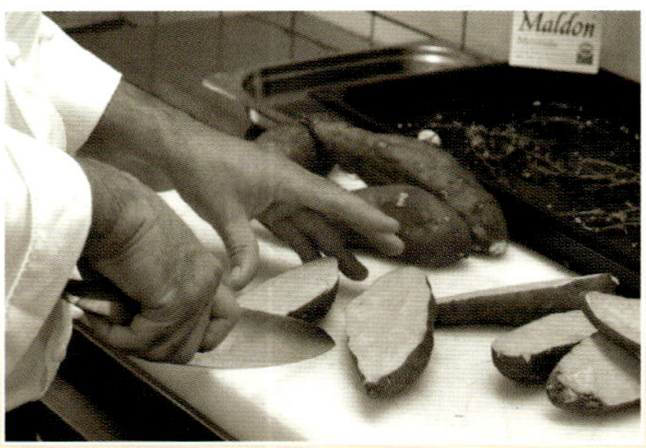

Das Allgäu

Charmant & rustikal –
diese Region hat mehr
zu bieten als liebliche
Langeweile

Wer beim Namen Allgäu an Kommissar Kluftinger und Käse denkt, der hat auf jeden Fall schon mal von dieser Gegend gehört.

Für die Entstehung des – zugegebenermaßen etwas sperrigen – Namens gibt es mehrere Theorien.

Ruft man sich jedoch die Landschaft dieser Region vor Augen, scheint sicher die Erklärung am sinnvollsten, dass das Wort Allgäu einfach ein kurzer Name für die lange Bezeichnung „bergige Landschaft mit viel Wasser und Wiesen" ist. Ein Blick und es steht fest: genau das ist es!

Grüne Wiesen, durchzogen von plätschernden Bächen bilden die passende Kulisse für die im Hintergrund aufragenden Allgäuer Alpen.

An einem so genannten Bilderbuchtag überspannt strahlend blauer Himmel die Szenerie und die Sonne bringt die Schneehaube der Gipfel zum Glitzern.

Das sanfte Voralpenland mit dem dramatischen Bergpanorama könnte auch aus einem Bilderbuch stammen und übt auf den Betrachter eine ganz eigene Faszination aus.

Traumhafte Ausblicke

zu jeder Jahreszeit

Ganz sicher benötigen Maler, die sich ein Bild vom Allgäu machen wollen, weniger die Pastelltöne ihrer Palette, denn hier herrschen eindeutig kräftige Töne vor.

So empfängt der Frühling den Besucher mit strahlend goldgelben Löwenzahnfeldern, während im Sommer das satte Grün der Wiesen und Wälder die Szenerie beherrscht.

Der Herbst steuert dann die ganze Bandbreite kräftiger Orange- und Rot-Töne bei und im Winter breitet sich eine blendendweiße Schneedecke über die Berge und das Land.

Auch wenn der Märchenkönig Ludwig II. sich hier im Königswinkel sein Traumschloss bauen ließ, ist das Allgäu alles andere als nur lieblich. Neuschwanstein, wie es umgeben von Bergen aus dem Nebel aufragt, könnte sicher eine Illustration aus einem Märchenbuch sein.

Aber wenn das Allgäu nur zauberhaft wäre, wäre es sicher schnell langweilig für seine Besucher und kein zweiter Besuch nötig. Hier mischen sich vielmehr malerische Ausblicke mit dem rustikalen Charme der Gegend – eine Kombination, die stets spannend bleibt und Unvorhersehbares bietet.

Isny im Allgäu – von der Sonne verwöhnt

Wussten Sie, dass Isny vergleichbar ist mit dem kleinen Dorf von Asterix & Obelix?! Ganz Gallien ist besetzt? Nein, nicht ganz Gallien! Ganz ähnlich verhält es sich mit dem letzten Außenposten Baden-Württembergs, der von nahezu allen Seiten umzingelt wird vom zudringlichen Bayern, sich aber dennoch standhaft hält: Isny! Vielleicht auch aufgrund seiner besonderen geographischen Lage ist dieses Städtchen einzigartig und hat das, was man bei Menschen „einen eigenen Kopf" nennen würde. Dieser wird zudem an rund 320 Tagen von der Sonne beschienen, eine meteorologische Tatsache, die Isny den Ruf eingebracht hat, einer der sonnenreichsten Orte Deutschlands zu sein.

Die historischen Fakten sind wie immer trocken (und seien der Vollständigkeit halber hier kurz genannt: gegründet im Jahre 1043, erstmals urkundlich erwähnt 1096, 1235 erhielt man nach dem Markt- auch das Stadtrecht, 1507 das Münzrecht, 1365 zur Freien Reichsstadt erhoben, drei große Brände in den Jahren 1248, 1401 und 1631 zerstörten die Stadt teilweise, bevor Isny 1806 dem Königreich Württemberg zugeschlagen wurde, obwohl die Bevölkerung aufgrund der bestehenden Handelsbeziehungen eine Angliederung an Österreich oder Bayern favorisiert hätte).

Kaum eine andere Stadt ist allerdings in der Lage, die trockenen Zahlen von damals heute noch mit Leben zu erfüllen wie Isny. Bei einem Spaziergang durch die Stadt mischen sich Moderne und Tradition und neben der gut erhaltenen Stadtmauer und dem Rathaus (das auch von innen sehenswert ist) fallen vor allem die Türme und Tore ins Auge.

Und wer einmal das ganz besondere Vergnügen hatte, die einzigartige Predigerbibliothek zu besichtigen, für den füllen sich die genannten Daten mit dem farbenfrohen Leben vergangener Epochen. Ihre Entstehung vor rund 500 Jahren verdankt Isny nicht zuletzt dem unabhängigen Geist, der hier herrscht(e). Bereits zu Zeiten der Reformation zählte die Stadt am Reichstag zu Speyer zu den Vertretern der protestantischen Minderheit und wurde so zu einer Heimat für den Prediger, Gelehrten und Reformator Paul Fagius. Die Bibliothek, die in dieser Zeit entstand, ist bis heute nahezu originalgetreu erhalten geblieben und gilt deshalb als einzigartiges Gesamtdenkmal. Sie ist ein schönes Beispiel dafür, dass man in Isny Geschichte mit Geschichten begegnet.

Traditionsbewusst in der Gegenwart leben

Hinter Isny nur ein beschauliches mittelgroßes Städtchen im Allgäu zu vermuten, ist lediglich die halbe Wahrheit. Angefüllt mit Leben und gelebtem Leben – so lässt sich der Brückenschlag zwischen dem was war und dem was ist an diesem ganz besonderen Ort am besten beschreiben. Vor rund tausend Jahren erbaut und dennoch am Puls der Zeit geblieben: dieses Kunststück ist Isny in besonderem Maße gelungen.

Ein ganz besonders schönes Beispiel hierfür sind die Pläne für ein Neues Stadttor, die momentan geschmiedet werden. Wo sonst käme man auf die Idee, die mittelalterliche Stadtmauer mit moderner Architektur aus der Hand von Peter Zumthor in die Gegenwart einzubinden?!

Wer das Allgäu in seiner ganzen Ursprünglichkeit sucht – weit weg vom Stau ins Oberstdorfer Tal oder dem Touristenrummel Neuschwansteins – der sollte unbedingt Isny besuchen. Und das so viele Besucher überzeugte „Wiederholungstäter“ sind, ist sicher der Fülle der Eindrücke zu verdanken, die dieser Ort hinterlässt. Sich ein Bild von Isny machen zu wollen, heißt, mit einem ganzen Bilderbuch im Kopf wieder abzufahren.

Suppen

Ein Topf voller Vielfalt

Suppen sind auf der ganzen Welt zu Hause, haben zu jeder Jahreszeit Saison, nähren den Körper und wärmen die Seele, lassen sich immer wieder neu & anders kombinieren und bieten so für jeden Geschmack etwas

Schaumsüppchen von Topinambur mit Chips

Cremig-leicht mit krossen Chips – das ist Vielfalt aus einem Produkt

Zutaten:

- 500 g Topinambur
- Öl zum Frittieren
- 1 Zwiebel, geschält und fein gewürfelt
- 1 El Butter
- 600 ml Gemüsebrühe
- 200 ml Sahne
- Salz, Pfeffer, Muskat

Zubereitung:

3 der Topinambur-Früchte in möglichst feine Scheiben schneiden (z.B. mit dem Sparschäler), mit einem Küchentuch trocken tupfen und in heißem Öl goldbraun und knusprig frittieren. Auf Küchenpapier abtropfen lassen.
Übrige Topinambur schälen und fein würfeln.
Anschließend die gewürfelten Zwiebel in Butter anschwitzen, Topinamburwürfel zugeben und dünsten. Mit Gemüsebrühe und Sahne aufgießen und weich kochen lassen.
Danach die Suppe mit Salz, Pfeffer und Muskat abschmecken und fein pürieren.

Direkt vor dem Servieren mit den Chips garnieren.

Info: Topinambur wird auch als Erdartischocke, Erdbirne oder Erdtrüffel bezeichnet und ist – botanisch gesehen – mit der Sonnenblume verwandt. Sie zeichnet sich durch einen leicht süßlichen, feinen Geschmack sowie ihre wertvollen Nährstoffe aus.

Birnen - Selleriesüppchen

Koalition für vollen Geschmack – das Beste aus heimischen Landen ungewöhnlich kombiniert

Zutaten:

- 1 Knollensellerie (ca. 500 g)
- 600 ml Wasser
- 1 Zwiebel, geschält und gewürfelt
- 2 reife Birnen, geschält, entkernt und gewürfelt
- 40 g Butter
- 40 g Mehl
- 300 ml Sahne
- Salz, Pfeffer, Muskat

Zubereitung:

Sellerie waschen und schälen. Die Schalen mit Wasser kurz aufkochen, anschließend ziehen lassen, damit sich der Geschmack entfalten kann.

Währenddessen Sellerie in Würfel schneiden und mit Zwiebel und Birnen in Butter anschwitzen. Zum Binden der Suppe die angebratenen Würfel mit Mehl bestäuben, mit dem etwas abgekühlten Selleriefond aufgießen und weich kochen lassen, dabei immer wieder umrühren.

Sahne dazugeben, mit Salz, Pfeffer und Muskat abschmecken.
Die Suppe fein pürieren und durch ein Sieb gießen. Heiß servieren.

Tipp: Der Selleriefond gibt diesem Gericht seinen besonders intensiven Geschmack. So findet wirklich jeder Teil des schmackhaften Gemüses Verwendung und trägt zum Gelingen bei.

Cappuccino von Kokos, Zitronengras und Riesengarnele

Asiatisch inspiriert – aus dem Allgäuer Terrassen Hotel nicht wegzudenken

Zutaten:

- 4 Riesengarnelen
- 1 Dose Kokosmilch (ungesüßt)
- 600 ml Geflügelfond
- ½ Stange Lauch, gewaschen, geputzt und fein gewürfelt
- 1 Zwiebel, geschält und fein gewürfelt
- 2 Stiele Stangensellerie, geputzt und fein gewürfelt
- ½ TL Currypaste (rot)
- ½ TL Curry-Pulver
- 8 Limonenblätter
- 4 Stiele Zitronengras, in feine Ringe geschnitten
- Salz, Pfeffer
- Olivenöl
- 4 Schaschlikspieße
- 1 walnussgroßes Stück Ingwerwurzel, geschält und fein gerieben
- 3 Stiele Koriandergrün, gewaschen und fein gehackt

Zubereitung:

Garnelen schälen und den Darm entfernen.
Die Schalen der Garnelen in Öl anschwitzen und mit Kokosmilch und Geflügelfond aufgießen.

Gemüse, Currypaste und –pulver, Limonenblätter und Zitronengras zugeben.

Für ca. 20 Minuten köcheln lassen, dann mit Salz und Pfeffer würzen und durch ein Sieb passieren.

Garnelen in Olivenöl braten, würzen und auf einen Schaschlikspieß aufspießen.

Anschließend den geriebenen Ingwer und Koriander in die Suppe geben und in Cappuccino-Tassen servieren. Mit dem Garnelen-Spieß servieren.

Tipp: Dieses Gericht bekommt noch zusätzlich asiatisches Flair, wenn man statt des Schaschlikspießes einen Zitronengras-Stiel zum Aufspießen der Garnelen verwendet. Die äußeren Blätter des Stiels werden dafür entfernt, bevor die gebratenen Garnelen darauf aufgespießt und serviert werden.

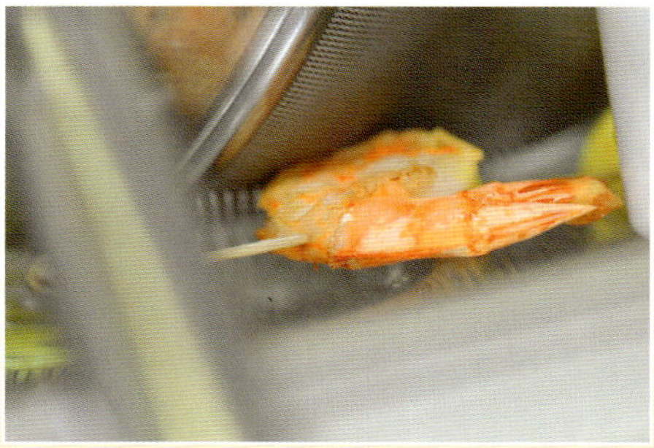

Asiatische Kürbissuppe

Fernöstliche Aroma-Vielfalt gegen Winter-Blues-Stimmung

Zutaten:

- 1 mittelgroßer Hokkaido-Kürbis (ca. 500 g), entkernt und gewürfelt
- 1 Zwiebel, geschält und fein gewürfelt
- Öl
- 1 Dose Kokosmilch (ungesüßt)
- 1 Msp Currypaste (rot)
- 400 ml Geflügelfond
- 3 Stck. Zitronengras
- 3 Stiele Koriandergrün
- Salz, Pfeffer, evtl. Chili (nach Geschmack)

Zubereitung:

Kürbis und Zwiebeln in Öl glasig dünsten. Dann Kokosmilch, Currypaste und Geflügelfond zugeben.
Zitronengras mit einem Fleischhammer (oder einem schweren Topf) klopfen, bis die Fasern aufsplittern und die Stiele ihr würziges Aroma verbreiten.
Zitronengras und Koriander zur Suppe hinzugeben und kurz köcheln lassen.

Zitronengrasstängel wieder entfernen und die Suppe mixen, mit Salz, Pfeffer und evtl. Chili abschmecken und servieren.

Tipp: Hokkaido Kürbis eignet sich ideal für dieses Rezept, da man ihn nicht schälen muss und die Suppe durch die Verwendung der Schale eine ganz besonders schöne Farbe bekommt.

Allgäuer Terrassen Hotel

Ein Hotel zum Wohlfühlen und Genießen

Ein gutes Hotel ist mehr als ein Dach über dem Kopf und ein Bett für die Nacht – ein gutes Hotel ist ein Ort, an dem man sich wohl fühlt.

Jedes Hotel kann aber nur so gut sein kann, wie die Menschen, die es mit ihrer täglichen Arbeit prägen. Wenn man - wie im Terrassen Hotel - echte Gastfreundschaft und nicht nur eine Schlafstatt bieten will, müssen hinter den Kulissen viele Hände ineinander greifen.

Da sind zunächst natürlich die Eigentümer, die Familie Immler, die aus einem ganz besonderen Haus mit viel Leidenschaft und Liebe zum Detail ein ganz besonderes Hotel gemacht habt. Als gute Seele des Hauses, der nicht nur professionell, sondern vor allem auch mit viel Herz den Überblick behält, darf man getrost den Hoteldirektor Eberhard Garbs bezeichnen.

Hinter Uli Alexa und seinem kulinarischen Erfindungsreichtum steht die ganze Küchencrew. Von den charmanten Damen am Empfang über die aufmerksamen Hausdamen bis hin zu den vielen anderen Mitarbeitern wirkt hinter den Kulissen das ganze Team des Terrassen Hotels, damit es den Gästen auch wirklich an nichts fehlt.

Dass dort alle in Bewegung sind, um zum maximalen Wohlbefinden der Gäste beizutragen, wird einem an der Rezeption im wahrsten Sinne des Wortes versinn"bild"licht.

Jedes der sich hier fortwährend drehenden Zahnräder eines gut geölten Räderwerks steht für eine Mitarbeiterin oder einen Mitarbeiter des Hotels und sie alle packen mit an, damit alles reibungslos läuft.

Auch wenn die Räder unterschiedlich groß sein mögen, ist jedes einzelne unentbehrlich, wenn die Maschinerie nicht zum Stillstand kommen soll. Ein Blick in die Gesichter macht klar, dass hier der Teamgeist im Mittelpunkt steht.

Ein herzliches Lächeln an der Rezeption ist der beste Empfang, den ein Gast sich wünschen kann. So ist man im wahrsten Sinne des Wortes gut „angekommen“ und kann den Stress der Anreise am besten hinter sich lassen.

Strahlend geht es auch in den Zimmern weiter, die alle nach Süden ausgerichtet und somit von der Sonne verwöhnt sind. Die herrliche Aussicht ins sanfte Voralpenland, das von den Allgäuer Alpen überragt wird, könnte fast schon als kitschig bezeichnet werden. Damit man auch beim Essen auf diesen Blick nicht verzichten muss, betritt man folgerichtig keinen tristen Frühstücksraum, sondern das Panorama-Restaurant, das seinem Namen alle Ehre macht!

Hier trägt durch professionellen und freundlichen Service Restaurantleiter Stev Hentschel mit seinem Team tagtäglich zum Wohlbefinden während eines genussreichen Aufenthalts bei. Ein edler Tropfen aus dem reichhaltigen internationalen Weinkeller ist dabei die passende Begleitung für die kulinarischen Erlebnisse, die Uli Alexa und seine Mannschaft dem Gast bereiten.

Frohsinn – das ist ein einfaches und leider etwas aus der Mode gekommenes Wort, das einen Aufenthalt im Terrassen Hotel in ganz besonderem Maße beschreibt.

Froh zu sein und mit allen Sinnen zu genießen sind sicherlich gute Voraussetzungen, wenn man – egal, ob aus privatem oder geschäftlichem Anlass – dort eincheckt. Die besondere Mischung der Gäste in Hotel und Restaurant spricht dafür, dass sich hier ganz unterschiedliche Interessen harmonisch unter einem Dach vereinen lassen.
Wo sonst kann man Fliegenfischer in voller Montur und mit vorfreudigen Gesichtern neben erfolgsorientierten Seminarteilnehmern und romantisch gestimmten Pärchen treffen?
Die zauberhafte Lage, das wohltuend unaufgeregte Ambiente, bester Service und kulinarische Genüsse sind offensichtlich eine sehr gute Basis, um unterschiedlichsten Interessen nachzugehen.

Fliegenfischen

Bachforelle,
Regenbogenforelle,
Wildbachsaibling
oder Äsche ...

Was genau Uli Alexa von seinen Gästen als Fang zur Zubereitung überreicht bekommt, steht erst am Ende des Tages fest.

Wenn die Fische ihren Weg in seine Küche finden – und nicht wieder vor Ort freigelassen werden - entsteht daraus für den Gast sein ganz persönliches Sternemahl.

Für Fliegenfischer geht damit im Terrassen Hotel ein Traum in Erfüllung: Sie können sich den lieben langen Tag im exklusiven Revier der Argen tummeln und müssen sich über die passende Garzeit zum „catch of the day" keinerlei Gedanken machen.

Stattdessen tut dies ein Spitzenkoch, der immer wieder Freude daran hat, spontan gefordert zu werden von dem, was auf seinem Küchentresen landet.
Einige seiner Zunftkollegen würden wohl nur die Nase rümpfen, wenn man sie um ähnliches bitten würde – für Uli Alexa ist diese Herausforderung Ansporn und Inspiration zugleich.

Frischer kann ein Produkt nicht sein und individueller kann man auf die Wünsche eines Gastes nicht eingehen. Ob die Fliegenfischer es ihm wohl mit einem herzlichen „Petridank" danken?

Was verbindet Brad Pitt mit der Unteren Argen und welches Band lässt sich zwischen dem Allgäu und Hollywood knüpfen? Die Antwort auf beide Fragen lautet: das Fliegenfischen – die Königsklasse des Angelns

Wunderbare Bilder waren das, die uns der Film „Aus der Mitte entspringt ein Fluss" erstmals im Jahr 1992 präsentierte. Herrliche Landschaften, unberührte Wildnis, echte Männer, goldene Sonnenstrahlen über sprudelnden Bächen, graziöse Schwünge beim Auswerfen der Fliegenrute – kein Laie hätte wohl vor diesem Oscar -gekrönten Meisterwerk vermutet, dass Fliegenfischen eine so elegante und bildgewaltige Sportart sein kann.

Was allerdings auch heute noch weitgehend unbekannt ist, ist, dass man zu ihrer Ausübung nicht bis in die USA reisen muss. Denn ebenso einzigartig und beeindruckend schön präsentieren sich die exklusiven Gewässer, die das Terrassen Hotel seinen Gästen zur Verfügung stellt.

Hinter Namen wie Untere Argen, Ach und Eschach verbirgt sich das Revier des Terrassen Hotels - ein fast 30 Kilometer langes Salmonidengewässer der Güteklasse 1-2, in dem sich Fliegenfischer nach Herzenslust „austoben" können.

Neben dem Augenschmaus spielt dabei aber natürlich auch die sportliche Herausforderung eine wichtige Rolle und die wird hier sozusagen frei Haus mitgeliefert.

Hauptspeisen

Es ist eine Kunst, sich auf das Wesentliche zu konzentrieren

Hauptspeisen wird stets besondere Aufmerksamkeit zuteil: sie sind der Mittelpunkt eines jeden Menüs - sozusagen die Genuss-Zentrale

Skrei-Filet auf Rote-Bete-Quinoa und Bärlauch-Püree

Die Welt vereint auf einem Teller: Fisch aus Norwegen trifft das Wunderkorn der Inkas und Allgäuer Bärlauch

Zutaten:

Rote-Bete-Quinoa

- 200 ml Rote Betesaft
- Salz, Pfeffer, Kreuzkümmel,
- 150 g Quinoa

Skrei

- 800 g Skreifilet (mit Haut)
- Olivenöl, Meersalz, Pfeffer

Bärlauch-Püree

- 3 Bund Bärlauch
- 3 Schalotten, geschält und fein geschnitten
- ½ Chilischote, entkernt und fein gewürfelt
- Salz, Pfeffer, Muskat

Zubereitung:

Rote-Bete-Quinoa
Den Saft aufkochen und mit den Gewürzen abschmecken, Quinoa zugeben und langsam sieden lassen, bis es weich ist.

Skrei
Skrei in 4 gleich große Portionen schneiden und in einer beschichteten Pfanne mit etwas Olivenöl auf der Hautseite anbraten, dann wenden und für ca. 15 Minuten bei 90°C im Ofen garen. Anschließend mit Pfeffer und Meersalz würzen.

Bärlauch
Den gewaschenen, entstielten Bärlauch blanchieren, ausdrücken und klein schneiden. Die fein geschnittenen Schalotten in Olivenöl farblos anschwitzen und den Bärlauch dazu geben.
Mit Chili, Salz, Pfeffer und Muskat abschmecken.

Info: Skrei – der auch als Winter-Kabeljau bekannt ist und dessen Name übersetzt der „Wanderer“ bedeutet - wird im Frühjahr in den Norwegischen Lofoten gefangen. Nur in der kurzen Zeit von Februar bis Mitte April kann man sein festes, feines Fleisch genießen.

Weinempfehlung:
Der passende Begleiter zu den Aromen dieses kreativen Gerichts ist ein fruchtig-frischer Grauburgunder des Weinguts Aufricht vom Bodensee.

Gebratene Dorade an Absinth-Schaum mit Fenchel-Chips

Kreative Geschmacks-Komposition

Zutaten:

- 2 El Zwiebel, geschält und fein gewürfelt
- 1 EL Butter
- 150 ml trockener Weißwein
- 100 ml Fischfond
- 200 ml Sahne
- Absinth (ersatzweise Pernod)
- Salz, Pfeffer, Zucker
- 2 Fenchelknollen
- Olivenöl
- 4 Doradenfilets à ca. 180 g
- 1 Knoblauchzehe
- 2 Zweige Thymian

Zubereitung:

Absinth-Schaum
Die in kleine Würfel gehackte Zwiebeln in Butter glasig dünsten, mit Weißwein ablöschen und auf die Hälfte einreduzieren lassen. Fischfond und Sahne zugeben und wieder um die Hälfte einreduzieren. Anschließend einen Spritzer Absinth dazu gießen und mit Salz und Pfeffer abschmecken. Die Sauce kräftig aufmixen.

Fenchel
Den Fenchel putzen, vom Strunk befreien und in feine Streifen schneiden. Bei mittlerer Hitze langsam in Olivenöl anbraten, anschließend mit Zucker bestreuen und weiter braten, bis dieser karamellisiert und goldbraun ist. Mit Salz und Pfeffer würzen.

Dorade
Die Doradenfilets mit Salz und Pfeffer würzen und in Olivenöl zusammen mit Thymian und angedrückter Knoblauchzehe auf der Hautseite kross anbraten. Die Pfanne vom Herd nehmen, die Filets umdrehen und ca. 1 - 2 Minuten ruhen lassen.
Anschließend Dorade mit den Fenchel-Chips anrichten und mit dem aufgemixten Absinth-Schaum garniert servieren.

Info: Fenchel ist ein umstrittenes Gemüse, das nicht jedem schmeckt. Wird er jedoch auf so moderne Weise interpretiert, lassen sich manche kulinarischen Vorurteile überwinden. Wer – wie Uli Alexa – Wert auf tagesfrische Ware legt, sollte regional einzukaufen, denn Qualitätseinbußen durch lange Transportwege werden so vermieden.

Spargel in der Folie

Volles Spargel-Aroma auf dem Teller und nicht im Kochwasser

Zutaten:

Spargel in der Folie

- 1.200 g weißer Spargel (möglichst gleichmäßig dick)
- Salz, Zucker
- 180 g geschmolzene Butter

Zubereitung:

Von den Spargelstangen am unteren Ende ein ca. 3 cm großes Stück abschneiden und Spargel unterhalb der Spargelspitze gleichmäßig schälen.

Für jede Portion einen Bogen Alufolie doppelt legen und den Spargel gleichmäßig darauf legen, mit Salz und Zucker würzen und die geschmolzene Butter darüber gießen.

Jede Portion zu einem Päckchen falten, dicht verschließen und oben sorgfältig zusammen falzen, damit keine Flüssigkeit entweichen kann. Die Päckchen nebeneinander auf ein Backblech legen und für 40 Minuten im auf 180°C vorgeheizten Ofen garen.

Vor dem Servieren für 5 Minuten außerhalb des Ofens ruhen lassen und die Päckchen erst unmittelbar vor dem Verzehr öffnen, damit sich das Aroma voll entfalten kann.

Geschmorte Kalbsbäckchen mit Sellerie-Mousse und Speck-Chips

Zu Unrecht vergessen, zum Glück wiederentdeckt, zu vollem Genuss kombiniert

Zutaten:

Geschmorte Kalbsbäckchen

- 4 Kalbsbäckchen bzw. -wangen
- Salz, Pfeffer
- Öl
- 200 g Zwiebel, geschält und gewürfelt
- 100 g Karotten, geputzt und gewürfelt
- 100 g Knollensellerie, geputzt, geschält und gewürfelt
- 1 EL Tomatenmark
- ¼ l kräftiger Rotwein
- 1 l Geflügelfond oder -brühe
- 2 Lorbeerblätter, 10 Wacholderbeeren, 5 Pimentkörner

Sellerie-Mousse

- 1 großer Knollensellerie, geputzt, geschält und gewürfelt
- ½ Zwiebel, geschält und gehackt
- 200 ml Sahne
- 150 g kalte Butter, gewürfelt
- Salz, Pfeffer, Muskat

Speck-Chips

- 8 Scheiben Bauchspeck, dünn geschnitten

Zubereitung:

Kalbsbäckchen

Die Kalbsbäckchen mit Salz und Pfeffer würzen, in einem Topf mit Öl von allen Seiten anbraten, dann aus dem Topf nehmen. Gemüse im Bratensatz anrösten und Tomatenmark zugeben. Dann mit Rotwein ablöschen, einreduzieren lassen und mit Geflügelfond oder –brühe auffüllen. Die Gewürze zufügen und die Kalbsbäckchen wieder mit in den Topf geben.

Im vorgeheizten Ofen bei 160°C für ca. 1 ½ Stunden schmoren, bis die Bäckchen weich sind.

Anschießend das Fleisch heraus nehmen und warm stellen. Die Sauce passieren und mit Salz und Pfeffer abschmecken.

Sellerie-Mousse

Die Kalbsbäckchen mit Salz und Pfeffer würzen, in einem Topf mit Öl von allen Seiten anbraten, dann aus dem Topf nehmen. Gemüse im Bratensatz anrösten und Tomatenmark zugeben. Dann mit Rotwein ablöschen, einreduzieren lassen und mit Geflügelfond oder –brühe auffüllen. Die Gewürze zufügen und die Kalbsbäckchen wieder mit in den Topf geben. Im vorgeheizten Ofen bei 160°C für ca. 1 ½ Stunden schmoren, bis die Bäckchen weich sind.

Anschießend das Fleisch heraus nehmen und warm stellen. Die Sauce passieren und mit Salz und Pfeffer abschmecken.

Speck-Chips

Ein Backblech mit Backpapier auslegen, Speckscheiben darauf legen und mit Backpapier und einem zweiten Blech beschweren. Für ca. 15 Minuten bei 160°C im Ofen backen, bis die Scheiben kross sind.

Die Kalbsbäckchen in Würfel schneiden, zusammen mit der Mousse und den Speck-Chips auf einem Teller anrichten und mit Sauce servieren.

Info: Kalbsbäckchen oder –wangen bieten ein wunderschön marmoriertes Fleisch, das traditionell einen festen Platz in der ländlichen Küche hatte. Heutzutage ist es jedoch nicht mehr ohne weiteres erhältlich, am besten bestellt man es beim Metzger vor.

Milchlammrücken unter der Parmesankruste mit Auberginen-Kaviar

Im besten Wortsinn ein moderner Klassiker – sehr beliebt bei den Gästen des Panorama-Restaurants

Zutaten:

- 800 g Lammkarrée
- Thymian, Rosmarin, Knoblauch (fein gehackt)
- Salz, Pfeffer
- 100 g Butter
- 100 g frisch geriebener Parmesan
- 150 g Weißbrot (ohne Rinde fein gerieben)
- Olivenöl
- 3 Auberginen
- 1 Knoblauchzehe
- je 1 Zweig Rosmarin und Thymian

Zubereitung:

Am Vortag das Lammfleisch mit Thymian, Rosmarin, Salz, Pfeffer und Knoblauch marinieren und kalt stellen.

Die Butter schaumig schlagen und mit Parmesan und Weißbrot verrühren. Die Masse mit Salz und Pfeffer würzen, zu einer Rolle formen und in Folie ca. 2 Stunden kühl stellen. Ein Backblech mit Olivenöl bestreichen und mit Salz, Pfeffer, Thymian, Rosmarin und gepresstem Knoblauch bestreuen.
Die Auberginen der Länge nach halbieren, mit der Schnittseite auf das vorbereitete Blech legen, die Haut der Auberginen mit einer Gabel mehrmals einstechen und im Ofen bei 160°C ca. 45 Minuten garen.
Anschließend im warmen Zustand die Haut der Auberginen entfernen und das Fruchtfleisch fein hacken.

Dann das Lammfleisch in einer feuerfesten Pfanne mit Olivenöl rundum kräftig anbraten, dann die Pfanne vom Herd nehmen.
Die Buttermasse in Scheiben schneiden und gleichmäßig auf dem Fleisch verteilen. Angedrückte Knoblauchzehe, Rosmarin- sowie Thymianzweig zugeben und anschließend für 4 Minuten im auf 140°C vorgeheizten Ofen nachgaren. Danach das Lammfleisch aus dem Ofen nehmen und die Hitze auf 70°C reduzieren. Wenn der Ofen diese Temperatur erreicht hat, das Lammfleisch für 30 Minuten im Ofen ruhen lassen.

Tipp: Die Masse, mit der das Fleisch überbacken wird, lässt mit einem kleinen Trick besonders leicht zu einer Rolle formen. Dafür wird sie zunächst in Frischhaltefolie eingerollt. Zur Stabilisierung rollt man ein gleich großes Stück Alufolie darum und verschließt dieses wie ein Bonbon, indem man beiden Enden zusammendreht. Auch die Steinpilzkruste von Seite 100 lässt sich auf diese Weise leichter herstellen.

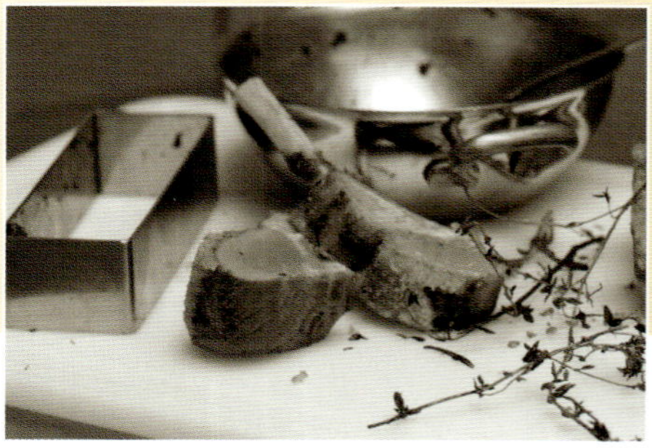

Mit Ahornsirup lackierte Entenbrust auf Ananassalsa

Da geht der Gaumen auf Geschmacksreise Richtung Asien

Zutaten:

Ahornsirup-Lack

- 100 ml Ahornsirup
- 100 g kalte Butter, gewürfel

Entenbrust

- 4 Entenbrüste (weiblich)
- Erdnussöl
- Salz, Pfeffer

Ananassalsa

- 50 g Zucker
- 1/8 l Ananassaft
- 1 TL weißer Balsamico-Essig
- 2 Scheiben Ingwer
- 1 Sternanis
- ½ Chilischote
- ½ Ananas (möglichst reif), geschält und fein gewürfelt

Zubereitung:

Ahornsirup- Lack

Ahornsirup in einem Topf erhitzen und um 1/3 reduzieren, vom Herd nehmen und die kalte Butter einrühren. Anschließend kühl stellen.

Entenbrust

Die Haut der Entenbrüste einschneiden, salzen, pfeffern und in Erdnussöl erst auf der Hautseite anbraten, dann wenden und die Fleischseite ebenfalls kurz anbraten. Wieder wenden und mit der Hautseite nach oben auf ein Backblech legen.

Mit dem Lack bestreichen und für ca. 6 Minuten im auf 150 °C vorgeheizten Ofen garen, danach aus dem Ofen nehmen und weitere 5 Minuten ruhen lassen.

Vor dem Servieren nochmals mit der Hautseite nach oben für 2 Minuten unter dem heißen Backofengrill bräunen, so dass die Haut kross wird.

Ananassalsa

Zucker in der Pfanne goldbraun karamellisieren lassen, mit Ananassaft und Balsamico ablöschen. Die Gewürze dazugeben und einkochen lassen, bis die Flüssigkeit leicht eindickt.

Die Ananas-Würfel zugeben, alles einmal kurz aufkochen lassen. Sofort auf ein Blech gießen und auskühlen lassen.

Étouffée-Taubenbrust mit geräuchertem Senfkohl-Öl

Probieren geht über Studieren – schon beim ersten Bissen tun sich neue Geschmackswelten auf

Zutaten:

Senfkohl-Öl

- ca. 300 g Senfkohl (Pak-Choi)
- 50 ml Erdnussöl
- 10 ml Räucheröl
- 1 g Xanthan (Geliermittel)
- Salz, Limettensaft

Taubenbrust

- 4 Taubenbrüste mit Haut
- Salz, Pfeffer
- 1 Rosmarinzweig
- Erdnussöl

Zubereitung:

Senfkohl-Öl

Senfkohl blanchieren, gut ausdrücken und entsaften.
Den Saft mit Öl und Xanthan aufmixen und abschmecken.

Taubenbrust

Die Taubenbrüste mit Salz und Pfeffer würzen und mit dem Rosmarin in einer Pfanne mit Erdnussöl zuerst auf der Hautseite anbraten, dann wenden.

Das Fleisch für 5 Minuten bei 120°C im vorgeheizten Ofen ziehen lassen, danach aus dem Ofen nehmen und weitere 5 Minuten ruhen lassen. Zusammen mit dem Senfkohl-Öl anrichten.

Info: Unter Étouffée-Tauben versteht man französische Masttauben, die ca. 500 g wiegen und speziell für die gehobene Gastronomie gezüchtet werden. Sie zeichnen sich durch ihr besonders saftiges Fleisch und einen intensiven Geschmack aus.

24-Stunden-Bauch vom Schwäbisch-Hällischen Schwein mit Allgäuer Kässpätzle

Schmackhafte Renaissance der traditionsreichen „Mohrenköpfle"

Zutaten:

Schweinebauch

- 1 kg roher Schweinebauch vom Schwäbisch-Hallischen Landschwein
- 2 Karotten, geputzt und grob gewürfelt
- ½ Knollensellerie, geputzt, geschält und grob gewürfelt
- 1 Zwiebel, geschält und grob gewürfelt
- 3 Lorbeerblätter, 5 Wacholderbeeren, 2 Nelken
- 1 EL Pfefferkörner
- Fleur de Sel (Meersalz)

Allgäuer Kässpätzle

- 300 g Dinkelmehl (hell)
- 200 g Mehl (Typ 405)
- 6 Eier
- 200 ml Milch
- Salz, Muskat
- 200 g Emmentaler, frisch gerieben
- 100 g Bergkäse, frisch gerieben
- 100 g Raclettekäse, frisch gerieben
- 1 Zwiebel, geschält und in Ringe geschnitten
- Mehl zum Bestäuben
- Butterschmalz

Zubereitung:

Schweinebauch

Den Bauch in einen Bräter legen und mit heißem Wasser aufgießen, so dass er zur Hälfte bedeckt ist. Gemüse und Gewürze zugeben und abgedeckt für 24 Stunden bei 80°C im Ofen ziehen lassen.

Danach das Fleisch herausnehmen und mit der Schwarte nach unten auf ein Blech legen (so lässt sich später die Schwarte besser entfernen) und mit einem schweren Gegenstand beschweren. Für ca. 3 - 4 Stunden im Kühlschrank ruhen lassen und anschließend die Schwarte so dünn wie möglich abtrennen.

Den Schweinebauch in ca. 3 x 3 cm große Würfel portionieren und das Fett rautenförmig einschneiden. Das Fleisch für 5 Minuten im auf 140°C vorgeheizten Ofen nachgaren, bevor der Schweinebauch mit dem Backofengrill kurz überbacken wird, bis die Oberseite kross ist. Mit Fleur de Sel und Pfeffer würzen.

Allgäuer Kässpätzle

Aus beiden Mehlsorten, Eier, Milch, Salz und Muskat einen festen Teig herstellen und 10 Minuten ruhen lassen. Inzwischen in einem großen Topf reichlich Salzwasser zum Kochen bringen. Den Teig mit einem Hobel nach und nach in das kochende Wasser schaben und bissfest garen. Die Spätzle mit einem Schaumlöffel jeweils aus dem Wasser nehmen,gut abtropfen lassen und eine Schicht in eine Form oder Schüssel geben. Einen Teil der geriebenen Käsemischung darauf verteilen und abdecken. Das Ganze so oft wiederholen, bis Spätzle und Käse aufgebraucht sind.Inzwischen die Zwiebelringe mit Mehl bestäuben und in Butterschmalz goldbraun braten.

Die Kässpätzle auf Tellern anrichten, den krossen Bauch darauf legen und mit den Zwiebelringen garniert servieren.

Info: Das Schwäbisch-Hallische Landschwein – wegen seines besonderen Aussehens auch „Mohrenköpfle" genannt – wird nur mit Futter aus der Region ohne Masthilfsstoffe oder gentechnisch veränderte Nahrung aufgezogen. Es ist zudem durch eine besondere Herkunftsbezeichnung geschützt, so dass man sicher sein kann, hier außerordentliche Qualität auf den Teller zu bekommen. Die lange Tradition der Züchter lässt sich bis über nahezu zwei Jahrhunderte hinweg bis zur Einfuhr chinesischer Maskenschweine zurückverfolgen.

Reh-Maultaschen auf Gänseleber-Berglinsen mit Pfifferlingen

Heimische Spezialitäten mit Pfiff kombiniert

Zutaten:

Teig
- 250 g Mehl
- 4 Eier
- 30 ml Wasser
- Salz
- 1 El Öl

Füllung
- 400 g Rehfleisch (aus der Schulter)
- 100 g Kalbfleisch
- 100 g Karotten, geputzt und gewürfelt
- 100 g Knollensellerie, geputzt und gewürfelt
- 2 Eier
- 1 EL Preiselbeeren
- 100 g Weißbrot, möglichst fein gewürfelt
- 1 EL fein gehackte Petersilie
- Salz, Pfeffer, Lebkuchengewürz

Gänseleber-Berglinsen
- 150 g Berglinsen
- Butter
- 1 EL Zwiebel
- 1 EL Karotten, geputzt und möglichst fein gewürfelt
- 1 EL Knollensellerie, geputzt, geschält und möglichst fein gewürfelt
- 100 ml Portwein
- 50 ml Madeira
- ca. 50 g Gänsestopfleber
- 100 g Pfifferlinge

Zubereitung:

Teig

Alle Zutaten zu einem Teig verkneten und 30 Minuten abgedeckt ruhen lassen. Danach den Teig mit der Nudelmaschine oder dem Nudelholz zu dünnen Bahnen ausrollen.

Füllung

Fleisch und Gemüse durch den Wolf drehen oder in der Küchenmaschine möglichst fein hacken. Eier, Preiselbeeren, Brot, Petersilie und Gewürze dazugeben und alles gut vermischen. Die Masse in einen Spritzsack füllen und auf die Nudelbahnen spritzen.

Die langen Enden der Nudelbahn mit Eiweiß bestreichen, zusammenfalten und schließen. Mit Hilfe eines Kochlöffels die Taschen formen und mit dem Teigrad trennen. In kochendem Salzwasser bissfest garen. Wenn die Maultaschen an der Oberfläche schwimmen, den Herd abschalten und 5 Minuten ziehen lassen.

Gänseleber-Berglinsen

Die Linsen in Wasser bissfest garen. Inzwischen die Butter in einen Topf geben und die das vorbereitete Gemüse darin glasig anschwitzen, mit Portwein und Madeira aufgießen und auf 1/3 einreduzieren lassen. Währenddessen die Pfifferlinge in Butter anbraten. Den Topf vom Herd nehmen, die gewürfelte Gänseleber cremig einrühren und die Linsen zugeben.

Zum Servieren die Linsen in der Mitte auf dem Teller anrichten, die Maultaschen darauf setzen und mit gebratenen Pfifferlingen garnieren.

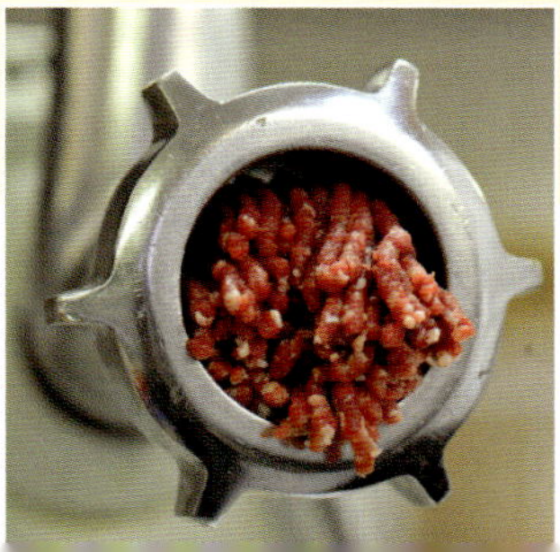

Hirschkalbs-Kotelett vom „Schleifertobel“ mit Kartoffel-Baumkuchen & Kräuterseitlingen

Für Gäste nur das Beste! Besonders gute Beziehungen zu den einheimischen Jägern braucht man allerdings schon, wenn man so ein besonderes Stück Wild servieren möchte

Zutaten:

Hirsch-Kotelett

- 1 kg Hirschkalbs-Koteletts am Stück
- Salz, Pfeffer
- Öl
- 100 g Kalbsbrät
- 1 Schweinenetz (beim Metzger vorbestellen und vor Verwendung gut wässern)

Kartoffel-Baumkuchen

- 3 Eier
- 100 g Kartoffeln (mehlig-kochend), am Vortag gekocht
- 35 g Butter
- 50 g Mondamin
- 20 g Mehl
- 3 Eiweiß geschlagen
- Salz, Pfeffer, Muskat
- 8 Kräuterseitlinge
- Olivenöl, 1 Zweig Rosmarin

Zubereitung:

Hirsch-Kotelett

Das Hirschfleisch mit Salz und Pfeffer würzen und in heißem Öl von allen Seiten kurz anbraten. Das Schweinenetz auslegen und dünn mit Kalbsbrät bestreichen. Hirschfleisch darauf legen und einwickeln. Für ca. 12 – 15 Minuten im auf 140°C vorgeheizten Ofen garen.

Kartoffel-Baumkuchen

Eier trennen, Eiweiß zu festem Eischnee aufschlagen. Kartoffeln fein reiben und mit allen Zutaten außer dem Eischnee vermischen. Mit Salz, Pfeffer und Muskat würzen und den Eischnee unterheben.
Die erste Schicht der Masse ca. 3 – 5 mm dick auf ein Blech aufstreichen und unter dem Backofengrill backen, bis die Oberfläche goldbraun ist. Diesen Vorgang solange wiederholen, bis der Teig verbraucht ist. Baumkuchen auskühlen lassen.

Später den erkalteten Baumkuchen portionieren und vor dem Servieren in aufgeschäumter Butter anbraten. Die Kräuterseitlinge putzen, schneiden und in Olivenöl mit Knoblauch und Rosmarinzweig hellbraun braten, danach mit Salz und Pfeffer würzen.

Das Fleisch in 4 gleiche Portionen aufschneiden und mit dem Baumkuchen und den Pilzen anrichten.

Weinempfehlung: Die Aromen dieses Gerichts unterstützt ein kräftiger Wein, der harmoniert, ohne sich in den Vordergrund zu drängen. Zu empfehlen wäre hier ein trockener Spätburgunder, z.B. Sophia aus dem Hause Aufricht in Meersburg – ein Wein so außergewöhnlich wie sein Name.

LandZunge
Das Beste aus der Region

Vertrauen: nach den Lebensmittelskandalen der letzten Jahre ist es mehr denn je zu einer wichtigen Basis zwischen Lieferant und Koch geworden. Gut, wenn man da auf das Beste der Region zurückgreifen kann. Wie gut artgerechte Haltung, kurze Transportwege und genug Zeit zum Reifen schmecken können, merkt man an einem Allgäuer Weiderind. www.landzunge.info

Filet vom Allgäuer Weiderind unter der Steinpilzkruste

Bei dieser Rechnung stimmt das Ergebnis:
„Filetstück“ von der Weide + Aroma des Waldes = Genuss auf höchstem Niveau

Zutaten:

- 100 g Steinpilze, geputzt und gewürfelt
- Olivenöl
- Salz, Pfeffer
- 1 Knoblauchzehe
- je 1 Zweig Rosmarin und Thymian
- 2 Zweige Petersilie, gewaschen, geputzt und fein gehackt
- 6 Scheiben Weißbrot (ohne Rinde fein gerieben)
- 50 g Butter
- 4 Rinderfilet-Steaks á 200 g

Zubereitung:

Steinpilze kurz in Olivenöl anbraten. Salz, Pfeffer, angedrückter Knoblauch, Rosmarin, Thymian und zuvor fein gehackte Petersilie zugeben. Mit den Brot-Bröseln mischen und die aufgeschlagene Butter darunter heben. Die Masse zu einer Rolle formen und in Folie ca. 2 Std. kühl stellen.

Filet mit Salz und Pfeffer würzen und in Öl scharf anbraten.
Danach das Fleisch aus der Pfanne nehmen und mit der in dünne Scheiben geschnittenen Pilzmasse belegen. Das Filet mit Kruste für 12 Minuten im auf 140°C vorgeheizten Ofen garen. Danach die Temperatur auf 70°C reduzieren und das Fleisch für 10 Minuten darin ruhen lassen, bevor es serviert wird.

Kalbsfilet im Kerbelmantel und geschmortes Short Rib

Ein Bündnis der besonderen Art: deftiges Rippchen & zartes Filet vereint für vollen Genuss

Zutaten:

Short Rib

- 600 g Short Rib
- Salz, Pfeffer
- Olivenöl
- 200 g Röstgemüse (Zwiebel, Karotte, Sellerie, Lauch), geputzt und geschnitten
- 2 Knoblauchzehen
- 2 Tomaten (gewürfelt)
- 1 TL Tomatenmark
- ½ l Rotwein
- 1 l Kalbsfond
- ½ Bund Thymian
- 3 Lorbeerblätter

Kalbsfilet

- 600 g Kalbsfilet
- Salz, Pfeffer
- Olivenöl
- 1 Knoblauchzehe
- je 1 Zweig Thymian und Rosmarin
- 1 Bund Kerbel, gewaschen und fein geschnitten

Zubereitung:

Short Rib

Das Fleisch rundherum mit Salz und Pfeffer würzen und in einem Bräter mit Olivenöl anbraten. Gemüse zugeben und ebenfalls anrösten, Knoblauch, Tomaten und Tomatenmark zugeben, mit Rotwein ablöschen und aufkochen lassen. Mit Kalbsfond aufgießen und im Ofen bei 140°C ca. 2 Stunden garen, dabei das Fleisch öfters wenden.
Nach 1 ½ Stunden Thymian und Lorbeerblätter zugeben.
Das Fleisch aus dem Bräter nehmen, wenn es fertig ist (es sollte sich leicht von der Gabel lösen) und die verbleibende Sauce passieren und einkochen lassen.

Kalbsfilet

Das Kalbsfilet mit Salz und Pfeffer würzen und in Olivenöl mit einer angedrückten Knoblauchzehe, Rosmarin und Thymian von allen Seiten anbraten. Anschließend für ca. 10 Minuten im auf 140°C vorgeheizten Ofen garen. Danach herausnehmen und 5 Minuten in Alufolie gewickelt ruhen lassen.
Vor dem Servieren in Kerbel wenden und mit dem Short Rib anrichten.

Info: Unter Short rib versteht man hierzulande ein Stück aus der Hohen Rippe.

Küchenparty

Kennen Sie das: Die besten Partys enden immer in der Küche!

Aber warum bis zum Schluss warten, wenn man auch Genuss von Anfang haben kann? Bei den von Uli Alexa initiierten Küchenpartys steht deshalb der Spaß im Vordergrund:

Spaß an dem, was gelungene Partys ausmacht - gutes Essen, Wein & Kommunikation.
Spaß daran, Menschen kennenzulernen, die diese Freude teilen – vor & hinter dem Herd.
Spaß an zwanglosem Genuss, Lebensfreude und guter Unterhaltung.

Die Grundlage dafür legt Uli Alexa, indem er sich zu seinen Partys befreundete Köche einlädt, von denen jeder für einen Gang verantwortlich zeichnet. Sie alle eint die Liebe zu gutem Essen, die sie mit ihren Gästen teilen wollen. Damit sich die Genießer innerhalb und außerhalb der Küche ein bisschen näher kommen können, ist jeder Gang des Menüs an einem anderen Punkt im Restaurant oder in der Küche abholbereit.

So bleibt man – nicht nur im wörtlichen Sinne sondern auch geistig – in Bewegung und lernt auf zwanglose Art Menschen im Allgemeinen und Köche im Besonderen kennen. Gute Gespräche sind dabei die beste Voraussetzung für einen abwechslungsreichen Abend.

Während andere Gourmetköche ihre Küche höchstens verlassen, um huldvoll den gebührenden Applaus entgegenzunehmen, ist es bei einer Küchenparty à la Alexa unbedingt erwünscht, einen Blick hinter die Kulissen werfen.

Dreiste Fragen nach Garzeiten und Zubereitungsarten sind hier nicht etwa verpönt, sondern willkommen. Im direkten Kontakt können die Köche selbst sehen, wie ihre Gerichte ankommen und als schönstes Lob in die Runde zufrieden lächelnder Gesichter blicken.

Und wer dann am Ende eines solchen Abends einsehen muss, dass die eigenen Fähigkeiten in der heimischen Küche wohl nicht zum gleichen leckeren Ergebnis führen, der kommt einfach wieder ins Terrassen Hotel, um eine Küchenparty zu feiern, sich bei Food & Fun zu amüsieren, kreative Allgäuer Tapas kennenzulernen oder ein Feinschmecker-Menü zu genießen!

Man muss kein Mathematiker sein, um zu wissen, dass diese Rechnung aufgeht:
5 Köche + 5 Gänge + x genussfreudige Gäste = 100 % Spaß!

Desserts

Ein gutes Dessert ist viel mehr als einfach nur eine Nachspeise ...

... denn um die süße Verführung zum krönenden Abschluss zu machen, muss die Kombination stimmen: süß & herb, knackig & soft, fruchtig & würzig, lieblich & kräftig ...

Spargel Panna cotta mit Ruccola-Sorbet

Ein ungewöhnliches Dessert zum Abschluss eines Spargelmenüs – aber auch als Zwischengang eine gelungene Überraschung, die den Gaumen beruhigt und anregt

Zutaten:

Spargel Panna cotta

- 1 l Sahne
- ½ l Spargelfond
- 6 Blatt Gelatine
- 1 Zitrone (Saft und Abrieb)

Ruccola-Sorbet

- 3 Bund Ruccola
- 120 g Zucker
- 150 ml Wasser
- 2 Blatt frische Minze

Zubereitung:

Spargel Panna cotta

Die Sahne aufkochen und auf 2/3 der ursprünglichen Menge reduzieren lassen, Spargelfond zugeben und nochmals auf ca. 0,7 l Flüssigkeit reduzieren. Die eingeweichte und ausgedrückte Gelatine darin auflösen und mit Zitrone abschmecken. In Gläser füllen und kühl stellen.

Ruccola-Sorbet

Den Ruccola blanchieren (kurz in kochendes Wasser geben und im Eiswasser abschrecken).
Anschließend gut ausdrücken und klein schneiden.
Zucker mit Wasser erhitzen, bis der Zucker sich aufgelöst hat, Minze zugeben und abkühlen lassen. Ruccola in den Zuckersirup geben und alles kräftig mixen.
Anschließend durch ein Sieb passieren und im Gefrierfach fest werden lassen. Dabei alle 30 Minuten durchrühren, damit eine cremige Konsistenz entsteht (das gleiche Ergebnis erzielt man auch mit einer Eismaschine).

Tamarillo-Sorbet mit Rhabarber-Red-Bull-Gelee

Alles außer gewöhnlich!

Zutaten:

Tamarillo-Sorbet

- 160 g Zucker
- 300 ml Wasser
- 1 Stck Bio-Orangenschale
- 6 Tamarillos
- 2 Pfirsiche

Rhabarber-Red-Bull-Gelee

- 4 Stangen Rhabarber
- 100 ml Wasser
- 100 g Zucker
- 2 Scheiben Ingwer, geschält
- ½ Vanilleschote
- 5 Himbeeren (tiefgekühlt)
- 50 ml Red Bull
- 50 ml Prosecco oder Sekt
- 1,5 Blatt Gelatine pro 100 ml

Zubereitung:

Tamarillo-Sorbet
Zucker, Wasser und Orangenschale kurz aufkochen, absieben und erkalten lassen.
Das Fruchtfleisch von den geschälten Tamarillos und Pfirsichen pürieren und durch ein Sieb in den Zuckersirup geben. Alles verrühren und im Gefrierfach fest werden lassen. Dabei alle 30 Minuten durchrühren, damit eine cremige Konsistenz entsteht (das gleiche Ergebnis erzielt man auch mit einer Eismaschine).

Rhabarber-Red-Bull-Gelee
Zucker mit Wasser erhitzen, bis der Zucker sich aufgelöst hat und eine sirupartige Konsistenz entsteht. Den Rhabarber in 1 cm lange Stücke schneiden, in eine feuerfeste Form legen und mit dem Zuckersirup übergießen.
Die Vanilleschote auskratzen, das Mark mit Ingwer und Himbeeren in den Sirup geben.
Die Form möglichst luftdicht mit Alufolie verpacken und für ca. 15 – 20 Minuten bei 160°C im vorgeheizten Ofen garen.
Anschließend die Masse durch ein Sieb passieren, Red Bull und Prosecco zugeben und entsprechend der entstandenen Menge der Mischung die eingeweichte und ausgedrückte Gelatine zufügen.
Mit dieser Flüssigkeit einen Spiegel auf die Teller gießen und für ca. 3 Stunden kühl stellen.

Zum Servieren das Sorbet ausstechen und auf das Rhabarber-Red-Bull-Gelee setzen.

Info: Die Tamarillo – auch als Baumtomate bekannt – entwickelt erst in der Kombination mit Zucker ihr ganz besonderes Aroma, das ungesüßt an unreife Tomaten erinnert.

Topfen-Crissini mit Passionsfrucht-Mousse

Knusprig, cremig, fruchtig: einzeln überragend – zusammen unschlagbar

Zutaten:

Topfen-Grissini

- 1 Ei
- 1 Eigelb
- 1 EL Vanillezucker
- 1 EL Zucker
- 25 g Butter (Zimmertemperatur)
- 300 g Topfen (Quark)
- 70 g Weißbrot (ohne Rinde fein gerieben)
- ½ Zitrone (Saft und Abrieb)
- Zimt
- 1 Packung Frühlingsrollenteig 20 x 20 cm

Passionsfrucht-Mousse

- 3 Eier
- 100 g Zucker
- 3 Blatt Gelatine
- 100 g weiße Schokolade
- 120 g Passionsfruchtmark
- 120 g Mangomark
- 200 g geschlagene Sahne

Zubereitung:

Topfen-Grissini

Ei, Eigelb, Vanillezucker und Zucker schaumig schlagen, Butter, Quark und Brot-Brösel zugeben, alles gut verrühren und mit Zimt abschmecken.

Den Teig in 4 Portionen teilen. Die Masse in einen Spritzsack geben und jeweils in der Mitte auf den Frühlingsrollenteig aufspritzen und sorgfältig zusammenrollen. Auf ein mit Backpapier ausgelegtes Backblech legen und ca. 8 Minuten bei 160°C im vorgeheizten Ofen backen (je nach Geschmack kann man die Rollen auch in Butterschmalz frittieren).

Passionsfrucht-Mousse

Eier trennen, das Eiweis mit der Hälfte des Zuckers halbsteif schlagen. Eigelb mit restlichem Zucker über einem Wasserbad schaumig aufschlagen, vom Herd nehmen, die eingeweichte und ausgedrückte Gelatine zugeben und solange rühren, bis die Masse erkaltet ist.

Die weiße Schokolade im Wasserbad schmelzen.

Passionsfrucht- und Mangomark in die Eigelbmischung rühren, die geschmolzene Schokolade hinzufügen und abwechselnd Eiweiß und Sahne unterheben.

In Gläser abfüllen und vor dem Servieren ca. 2 Stunden kühl stellen.

Info: Dank der Nähe zum Nachbarland Österreich hat sich im Allgäu für den in diesem Rezept verwendeten Quark auch die Bezeichnung Topfen etabliert. Doch wie man ihn auch nennt - das Grundprodukt für die cremige Füllung ist dank der Milch von glücklichen Allgäuer Kühen von besonderer Qualität.

JENAER GLAS

Mango-Carpaccio mit Sanddorn-Espuma und Blutorangen-Sorbet

So lecker kann Gesundheit schmecken: Dank Vitamin C verbünden sich Sanddorn und Orange zum aromatischen Grippeschutz

Zutaten:

Mango-Carpaccio
- 1 reife Mango

Sanddorn-Espuma
- ¼ l Sanddornsaft
- ¼ l Orangensaft
- 3 Blatt Gelatine

Blutorangen-Sorbet
- 150 g Zucker
- 15 cl Wasser
- Schale von ½ Bio-Blutorange
- ¼ l frisch gepresster Blutorangensaft
- ¼ l trockener Weißwein
- 1 Eiweiß, halbsteif geschlagen

Zubereitung:

Mango-Carpaccio
Mango schälen, gleichmäßig in rechteckige Scheiben schneiden und auf dem Teller verteilen.
Die dabei anfallenden Abschnitte der Mango mit dem Mixstab fein pürieren und durch ein Sieb passieren. Anschließend dünn auf die Mangoscheiben auftragen.

Sanddorn-Espuma
Die Hälfte des Orangensafts erwärmen und die eingeweichte, ausgedrückte Gelatine darin auflösen.
Restliche Säfte zugeben und in einen handelsüblichen Sahnebläser (1 l Volumen) einfüllen, verschließen und 2 Kappen eindrehen. Für ca. 3 Stunden kühl stellen.

Blutorangen-Sorbet
Zucker mit Wasser und Orangenschale kurz aufkochen, abkühlen lassen und durch ein Sieb zum Orangensaft gießen. Weißwein und das geschlagene Eiweiß zugeben.
Alles verrühren und im Gefrierfach fest werden lassen. Dabei alle 30 Minuten durchrühren, damit eine cremige Konsistenz entsteht (das gleiche Ergebnis erzielt man auch mit einer Eismaschine).

Info: Bei der Mango sollte möglichst Flugware verwendet werden. Eine unreife Mango ist wegen ihres muffigen Aromas eine geschmackliche Enttäuschung, die die harmonische Note dieses Gerichts stört.

Kürbis-Eis mit Macadamia-Schokoladenbrownie

Soul food für die trübe Jahreszeit – da freut man sich fast schon auf Schmuddelwetter

Zutaten:

Kürbis-Eis

- ¼ Vanilleschote
- 200 ml Milch
- 50 ml Sahne
- 2 Eigelb
- 80 g Zucker
- 15 g Amarettini
- 150 g Kürbispüree

Macadamia – Schokoladen-brownie

- 250 g Butter
- 200 g dunkle Kuvertüre
- 100 g Mehl
- 100 g geriebene Mandeln
- 250 g Puderzucker
- 100 g Macadamianüsse, grob gehackt
- 220 g Eiweiß

Zubereitung:

Kürbis-Eis

Vanilleschote auskratzen und das Mark mit Milch und Sahne aufkochen. Eigelb und Zucker in einer Schüssel verrühren und die Milch-Sahne-Mischung vorsichtig unter ständigem Rühren einlaufen lassen.

Über einem Wasserbad die Masse mit dem Kochlöffel zur Rose abziehen (auf dem Kochlöffel bildet sich eine Rose, wenn man darauf pustet), bis sie dickflüssig wird – dabei darf die Masse jedoch keinesfalls kochen.

Vom Herd nehmen, auskühlen lassen, Amarettini zerbröseln und zusammen mit dem Kürbispüree zugeben, durch ein Sieb passieren und in der Eismaschine gefrieren.

Macadamia – Schokoladenbrownie

Die Butter mit der Kuvertüre in einem Topf schmelzen lassen.

Anschließend werden Mehl, Mandeln und Puderzucker zugegeben und alles zu einer glatten Masse verrührt.

Das – nicht geschlagene – Eiweiß und die Macadamianüsse zugeben.

Die Masse in eine gebutterte und gemehlte Form füllen und bei 170°C für ca. 30 Minuten im vorgeheizten Ofen backen. Danach komplett auskühlen lassen.

Zum Servieren den Brownie in gleichmäßige Quadrate schneiden diese jeweils mit einer Nocke Kürbis-Eis anrichten.

3 – 6 – 12: Variationen vom Allgäuer Bergkäse

Eine kulinarische Hommage an das Allgäu, das wie kaum eine andere Region mit der Milch von glücklichen Kühen und den daraus entstehenden Produkten in Verbindung gebracht wird

Zutaten:

Mousse

- 170 g Bergkäse (3 Monate gereift)
- 1 Blatt Gelatine
- 80 ml Milch (3,5 % Fett)
- 100 ml Sahne
- 150 g geschlagene Sahne

Hippe

- 150 g Bergkäse (6 Monate gereift)

Schaum

- 150 g Bergkäse (12 Monate gereift)
- 150 ml Wasser
- ½ Tl Lecithin (aus der Apotheke)

Zubereitung:

Mousse
Den klein geschnittenen Bergkäse mit Milch und Sahne vorsichtig zum Schmelzen bringen, die eingeweichte und ausgedrückte Gelatine dazugeben und kalt schlagen.
Sobald die Masse komplett ausgekühlt ist, die geschlagene Sahne unterheben und für mindestens 4 Stunden kalt stellen.

Hippe
Den Käse fein reiben und in Plätzchenform auf ein mit Backpapier belegtes Backblech verteilen. Für ca. 6 – 8 Minuten bei 180°C im vorgeheizten Ofen kross backen, danach auskühlen lassen.

Schaum
Den Käse mit dem Wasser vorsichtig zum Schmelzen bringen.
Durch einen Sieb passieren, gut ausdrücken, das Lecithin dazugeben und mit dem Mixstab luftig aufschäumen.

Die Käsevariationen auf dem Teller anrichten und nach Wunsch noch mit schwarzen Walnüssen garniert servieren.

Tipp: Dieses ganz besondere Gericht überzeugt nicht nur durch den hervorragenden Geschmack. Es ist außerdem auch eine gelungene Alternative zu einem süßen Dessert. Probieren Sie es!

Erdbeergelee mit Zitronenverbene

Einzigartige Aroma-Allianz mit dem Geschmack nach Sommer

Zutaten:

- 2 kg möglichst reife Erdbeeren, ohne Stielansatz, gewaschen und gewürfelt
- 1 kg Zucker
- Schale von ½ Bio Zitrone
- 15 Stiele Zitronenverbene
- 70 g Gelierfix (2:1)
- Einmachgläser

Zubereitung:

Die Erdbeeren mit 100 g Zucker mischen und ca. 20 Minuten ziehen lassen.
Danach die Zitronenschale zugeben und unter Rühren bei halb geöffnetem Deckel zum Kochen bringen und ca. 2 Minuten köcheln lassen.

Vom Herd nehmen und eine weitere Stunde ziehen lassen.

Danach die Erdbeermasse durch ein Tuch passieren und gut ausdrücken.
Den dabei entstandenen Saft mit dem restlichen Zucker und 2/3 der Zitronenverbene aufkochen und immer wieder abschäumen.

Den Saft mit Gelierfix nach Packungsanweisung kochen und nochmals passieren.
Die restliche Verbene in die Einmachgläser verteilen, Gelee hineingießen und verschließen.

Nach 1 Minute auf den Kopf stellen und 10 Minuten warten. Dann wieder umdrehen und abkühlen lassen.

Info: Zitronenverbene hat ein ganz besonderes intensives und zugleich feines Aroma, das sich durch seine Frische deutlich von der etwas robusteren Melisse abhebt.

Schokoladen-Mousse

Klassischer kann Dessert-Genuss nicht sein!

Zutaten:

- 200 g Kuvertüre (50 % Kakao)
- 4 Eier
- 100 g Zucker
- 500 g Sahne (geschlagen)

Zubereitung:

Die Kuvertüre in einer Schüssel über dem Wasserbad langsam schmelzen. Inzwischen die Eier trennen und das Eiweiß mit 50 g Zucker cremig, aber nicht ganz steif schlagen.

Das Eigelb mit dem restlichen Zucker in einer Schüssel über dem Wasserbad schaumig aufschlagen, bis es eine weiße Farbe bekommt.

Die Schüssel aus dem Wasserbad nehmen und weiter schlagen, bis die Masse erkaltet ist (sonst würde das Eigelb wegen der Restwärme stocken).

Die flüssige Couverture in die Eigelbmasse gießen und vorsichtig rühren, bis die Masse zähflüssig wird. Dann vorsichtig Sahne und Eiweiß abwechselnd unterheben.

Die Mousse in eine Schüssel füllen und für ca. 6 – 8 Stunden kühl stellen. Zum Anrichten einen Löffel in lauwarmem Wasser erwärmen und damit schöne Nocken formen.

Creme brûlée von der Tonkabohne

Unvergesslicher Geschmack mit Suchtpotential

Zutaten:

- 200 ml Milch
- 300 ml Sahne
- 250 ml Mascarpone
- 80 g Zucker
- 8 Eigelb
- ½ Tonkabohne
- Rohrzucker

Zubereitung:

Milch, Sahne, Mascarpone, Zucker und Eigelb zu einer glatten Masse rühren (sollte nicht zu schaumig sein), Tonkabohne fein reiben und zugeben.

Die Masse ca. 1 Stunde ruhen lassen, durch ein Sieb passieren und anschließend in hitzebeständige Förmchen füllen.
Diese Förmchen in einen mit Küchenpapier ausgelegten Bräter geben, der zu 1/3 mit Wasser gefüllt wird.

Den Bräter mit Frischhaltefolie abdecken und für ca. 1 Stunde bei 91°C im vorgeheizten Ofen garen.

Vor dem Servieren auskühlen lassen, die Creme mit braunem Zucker bestreuen und unter den Grill oder mit einem Bunsenbrenner überbacken, bis eine goldbraune Kruste entsteht.

Info: Die Tonkabohne stammt aus Mittelamerika und ist hierzulande z.B. in der Apotheke erhältlich. Früher wurde sie gerne als Ersatz für Gewürze wie Vanille oder Zimt verwendet. Aufgrund ihres einzigartigen Aromas wird ihr aphrodisierende Wirkung nachgesagt.

Apfelbrot

Schmeckt nicht nur Süßschnäbeln, sondern passt auch hervorragend zu Käse & Wein

Zutaten:

- 800 g Äpfel (nicht zu säuerlich), geschält, entkernt und gerieben
- 150 g Honig
- 100 g Rosinen
- 150 g gemahlene Haselnüsse
- 500 g Mehl
- 2 EL Kakao, 5 g Zimt
- je 1 Prise Nelken, Salz, Vanillezucker
- 1 ½ Pck Backpulver, ½ Bio Zitrone (Abrieb)
- 2 EL Rum

Zubereitung:

Geriebene Äpfel mit Honig, Rosinen und Nüssen mischen. Das Mehl unterheben. Nun die restlichen Zutaten zugeben und alles gut miteinander vermengen.

Die Masse in eine gebutterte Kastenform füllen und im vorgeheizten Ofen ca. 60 Minuten bei 180°C backen.

Vor dem Servieren auskühlen lassen.

Info: Für dieses Apfelbrot eignen sich besonders gut Äpfel der Sorte Cox Orange, Gala oder Berlepsch.

Maisküchle

Entweder als Beilage oder auch als vegetarisches Gericht geeignet

Zutaten:

- 1 Ei
- 200 g Maiskörner (aus der Dose)
- 50 ml Milch
- 60 g Mehl
- 20 g Cornflakes
- Salz, Pfeffer, Muskat
- Öl

Zubereitung:

Ei trennen. Die Hälfte der Maiskörner fein hacken. Milch, Mehl, Eigelb, Cornflakes und den restlichen Mais hinzufügen, zu einer glatten Masse verrühren und ca. 2 Std. kühl stellen.

Danach das Eiweiß zu festem Eischnee schlagen und vorsichtig unterheben. Mit Salz, Pfeffer und Muskat würzen.

Kleine Küchlein formen und in einer beschichteten Pfanne in heißem Öl goldgelb braten.

Tipp: Dank ihrer Vielseitigkeit in puncto Kombinationsmöglichkeiten eignen sie sich mit einem Kräuterquark und bunten Salat als Begleitung aber auch als vegetarisch-leichtes Hauptgericht.

Grundrezepte

Jedes Gericht ist so gut wie die Summe seiner Zutaten ...

... so ist es kein Wunder, dass ein guter Fond als geschmackvolle Basis für genussreiche Suppen & Saucen gilt. Grund genug, der Zubereitung besonderes Augenmerk zu widmen

Fischfond

Ideal als Basis für würzig-leichte Saucen zum „catch of the day"

Zutaten:

- Wasser
- 1 kg Fischkarkassen (ohne Kopf)
- 200 g Gemüse (Lauch, Zwiebel, Sellerie, Fenchel, Champignons), geputzt und gewürfelt
- 100 ml trockener Weißwein
- 50 ml Noilly Prat
- 2 Zweige Dill
- 1 Lorbeerblatt
- 10 Pfefferkörner
- ½ Bio Zitrone

Zubereitung:

2 l Wasser zum Kochen bringen und die Fischkarkassen darin blanchieren, danach abgießen und auskühlen lassen.

Die ausgekühlten Karkassen mit eiskaltem Wasser (1,5 l) und den restlichen Zutaten langsam erhitzen.

Wenn der Fond aufkocht den Topf vom Herd nehmen und maximal 15 Minuten ziehen lassen. Danach durch ein mit einem feinen Küchentuch ausgelegtes Sieb passieren und je nach Bedarf weiterverwenden.

Brauner Kalbsfond

Unverzichtbar in der klassischen Küche – immer wieder ein Genuss

Zutaten:

- 3 kg Kalbsknochen
- 500 g Gemüse (Karotten, Lauch, Zwiebel, Sellerie), geputzt und gewürfelt
- 3 Lorbeerblätter
- 1 Knoblauchzehe
- 1 Thymiansträußchen
- 1 El Tomatenmark

Zubereitung:

Die Knochen auf ein Backofenblech legen und im vorgeheizten Ofen bei 200°C ca. 30 Minuten bräunen lassen. Danach die Knochen in einen Topf umfüllen, Gemüse zugeben und alles mit Wasser bedecken.

Gewürze und Tomatenmark hinzufügen und alles zusammen bei milder Hitze ca. 4 – 5 Std. köcheln lassen. Dabei immer wieder den entstehenden Schaum abschöpfen und evtl. Wasser nachgießen, falls die Flüssigkeit zu stark einkocht.

Am Ende der Garzeit sollte ca. 1,5 l Fond vorhanden sein. Vor der Weiterverwendung durch ein feines Sieb passieren.

Hühnerbrühe

Das Beste aus der guten alten Zeit – unübertroffen lecker

Zutaten:

- 6 Schalotten
- 2 Zwiebeln
- 1 Bio-Suppenhuhn (vom Bauer Ihres Vertrauens)
- 150 g Gemüse (Karotten, Lauch, Sellerie), geputzt und gewürfelt
- 2 Lorbeerblätter
- 2 Wacholderbeeren
- 1 Nelke
- 10 Pfefferkörner
- ½ Tl Tomatenmark
- Salz, Pfeffer, Muskat

Zubereitung:

Schalotten und Zwiebeln mit der Schale halbieren und auf der Schnittfläche anrösten, bis sie goldbraun sind.

Das Suppenhuhn in einem Topf mit kaltem Wasser langsam erhitzen. Nach ca. 45 Minuten Gemüse, Schalotten, Zwiebeln und alle übrigen Zutaten zugeben und bei schwacher Hitze weitere 45 Minuten köcheln lassen, bis sich das Fleisch des Huhns leicht von der Gabel löst.

Mit Salz, Pfeffer und Muskat würzen.

Wildfond

Geschmackvolle Begleitung zu kräftigem Fleisch

Zutaten:

- 2 kg Knochen vom Wild (Hirsch, Reh, Wildschwein etc.)
- 300 g Gemüse (Karotte, Sellerie, Zwiebel), geputzt und gewürfelt
- 3 Lorbeerblätter
- 6 Wacholderbeeren
- 3 Pimentkörner
- ½ Sternanis
- ¼ Zimtstange
- ½ Bio Orange
- 1Tl Tomatenmark
- ½ l trockener Rotwein

Zubereitung:

Die Knochen unter kaltem Wasser abwaschen und abtropfen lassen, danach auf ein Backofenblech legen und im vorgeheizten Ofen bei 200°C ca. 20 Minuten bräunen.

Nach dieser Zeit Gemüse und Tomatenmark zugeben, alles gut mischen und weitere 20 Minuten garen.

Anschließend alles in einen Topf umfüllen, Gewürzen und Rotwein zugeben und mit Wasser auffüllen, bis die Knochen bedeckt sind. Bei milder Hitze ca. 5 – 6 Std. köcheln lassen, dabei den entstehenden Schaum und das aufsteigende Fett immer wieder abschöpfen.

Vor der Weiterverwendung durch ein feines Sieb passieren und bei kräftiger Hitze reduzieren lassen, so dass eine Menge von ca. ½ l entsteht.

Foto: winfriedheinze.de
Das Weingut Aufricht ist ein besonderes Ausflugsziel,
um excellente Weine zu verkosten und zu kaufen.
Genießen Sie aus unserem Weinverkaufsraum
den wunderschönen Blick über den Bodensee
und die einmalige Kulturlandschaft.
Aufricht
AUSSERGEWÖHNLICHE WEINE EINES
AUSSERGEWÖHNLICHEN ORTES.

Die im Rezeptteil genannten Gerichte lassen sich je nach Geschmack und Saison wunderbar zu Menüs zusammenstellen. Nachstehend finden Sie einen Vorschlag für ein

Feinschmecker-Menü

Amuse bouche: Büffel-Mozzarella mit Himbeeren – Seite 30

Roulade vom Saibling im Gewürzrauch – Seite 26

Schaumsuppe von Topinambur mit Chips – Seite 58

Mit Ahornsirup lackierte Entenbrust an Ananassalsa – Seite 88

Sorbet von Blutorangen mit Prosecco – Seite 114

Kalbsfilet im Kerbelmantel und geschmortes Short Rib – Seite 102

Macadamia-Schokoladenbrownie mit Tamarillo-Sorbet – Seite 110/116

Überraschen Sie Ihre Lieben mit einem Menü à la Uli Alexa – entweder selbstgekocht oder als

GUTSCHEIN

für ein

Candle light - Menü
zum
Schlemmen & Genießen
im
Allgäuer Terrassen Hotel
88316 Isny – Neutrauchburg

Was kann man sich in puncto Essen
Besseres wünschen, als
Food & fun?!